SANTÉ
ET DÉVELOPPEMENT ÉCONOMIQUE
EN FRANCE AU XIXe SIÈCLE

Essai d'histoire anthropométrique

Laurent Heyberger

SANTÉ
ET DÉVELOPPEMENT ÉCONOMIQUE
EN FRANCE AU XIXᵉ SIÈCLE

Essai d'histoire anthropométrique

L'Harmattan
5-7, rue de l'École-Polytechnique
75005 Paris
FRANCE

L'Harmattan Hongrie
Hargita u. 3
1026 Budapest
HONGRIE

L'Harmattan Italia
Via Bava, 37
10214 Torino
ITALIE

Je tiens à remercier,
pour m'avoir aidé dans la réalisation de mon travail:
M. Hau et S. Muckensturm, de l'Université Marc Bloch, Strasbourg,
M. Geley, D. Bezout et S. Beys, du 511 RT, Auxonne.

LISTE DES ABRÉVIATIONS EMPLOYÉES

AESC : Annales Économies, Sociétés Civilisations
ADH : Annales de démographie historique
JEH : The Journal of Economic History
SHAT : Service Historique de l'Armée de Terre

PETITS ET GRANDS, PAUVRES ET RICHES : UNE ANCIENNE RELATION REVISITÉE

*Ignorance of human biology and the consequences
of deprivation were, and to a lesser extent continue to
be, obstacles to the success of anthropometric methods
among social scientists.*

R.H. STECKEL [1]

Le constat dressé sur les avancées de la « nouvelle histoire anthropométrique » par R.H. Steckel, l'un des pionniers de cette récente discipline historique, montre les immenses apports de la biologie à l'histoire. Mais Steckel regrette aussi le doute de certains de ses collègues historiens économistes face à la nouvelle méthode biologique mise au service de la science historique. La « nouvelle histoire anthropométrique » constitue le principal chantier de la *New Economic History* américaine. Depuis une vingtaine d'années, l'histoire économique et sociale est en renouvellement profond dans le monde anglo-saxon grâce à la « nouvelle histoire anthropométrique », alors qu'à la fin des années 1970, l'histoire quantitative connaissait un certain essoufflement, en France comme aux États-Unis. Les historiens semblaient avoir exploité toutes les sources permettant de reconstituer le passé économique et social à travers le mouvement des salaires, des prix, du PNB et les indices de croissance économique.

---

1   « L'ignorance de la biologie humaine et des conséquences des privations étaient, et, dans une moindre mesure, sont encore des obstacles au succès des méthodes anthropométriques chez les chercheurs en sciences sociales », « Strategic Ideas in the Rise of the New Anthropometric History and their Implications for Interdisciplinary Research », dans *JEH*, 58, 1998, 3, p. 811.

La nécessité de renouveler notre connaissance du passé par d'autres sources et par d'autres indices du développement a aiguillé les chercheurs américains vers une masse de données alors encore inexploitée, constituée par les statures des esclaves noirs. L'étude de la taille des esclaves a permis de cerner plus précisément les conditions de vie dans les plantations américaines d'un groupe social dont on ne pouvait connaître le niveau de vie et l'état de santé par les indices traditionnels, puisque de tels groupes ne s'inséraient pas dans une économie de marché et ne percevaient aucun salaire. La nouvelle démarche historique s'inscrivait en outre dans un débat étatsunien passionné qui n'est pas encore clos aujourd'hui, soulevant le problème de la place des Noirs dans la société américaine par le passé. Les travaux de R.H. Steckel ont ainsi ouvert la voie de l'anthropométrie historique en s'intéressant à la santé du « capital humain » que constituaient les esclaves noirs des plantations américaines.

La prise en compte des préoccupations écologiques, au sens le plus large, et la contestation de la société de consommation à la fin des Trente Glorieuses expliquent également que les historiens se soient tournés vers des données qui reflètent davantage le développement humain et le bien-être non commercialisable de toute la population, contrairement aux indices traditionnels tels que les salaires, qui ignorent l'évolution du niveau de vie des populations non salariées et fournissent une approche trop économiste de la question des niveaux de vie.

À la suite de leurs premières études sur les esclaves noirs, les historiens anglo-saxons n'ont cessé, depuis vingt ans, d'élargir leurs champs d'investigation et de préciser leurs méthodes d'analyse des statures grâce aux apports de la biologie. Les historiens français sont assez peu sensibles à ces travaux mobilisant connaissances historiques et biologiques, malgré la voie prometteuse ouverte dès 1969 par E. Le Roy Ladurie. L'innovation et l'ouverture entre sciences prônées par les fondateurs des *Annales* auraient-elles été quelque peu oubliées par les historiens français ? Les historiens anglo-saxons eux-mêmes ne se convertissent que lentement à la « nouvelle histoire anthropométrique », tant l'hypothèse de conditions sociales influant sur la taille des individus paraît surprenante dans un monde occidental contemporain où presque tous mangent à leur faim. Si ce sont surtout les facteurs génétiques qui déterminent les différences de taille dans une société d'opulence et de forte mobilité, il n'en va pas de même actuellement dans certains pays du Sud et dans les sociétés passées, lieux de la pénurie et du repli géographique.

Ainsi l'anthropométrie constitue-t-elle un champ historique en chantier permanent depuis deux décennies. Historiens américains et anglais cherchent, à travers l'étude de la taille, à cerner le processus d'industrialisation des XVIIIe et XIXe siècles, à cerner dans la chair des Européens et des Américains le bien-être rural et citadin à une époque de rapides mutations. L'histoire anthropométrique renouvelle notre connaissance de la révolution industrielle et elle permet d'analyser l'avènement de grands marchés régionaux et ses conséquences sur le corps des producteurs et consommateurs. Ainsi, les villes d'Angleterre du XVIIIe et XIXe siècles ont connu un développement démographique très rapide, accompagné d'une forte concentration d'activités très pénibles et faiblement rétribuées. Cette urbanisation s'est traduite, dans un premier temps, par une dégradation du niveau de vie biologique, mesurée par une baisse de la taille moyenne des Anglais, alors même que les salaires semblaient indiquer une augmentation du niveau de vie. Parallèlement les espaces agricoles portaient des hommes plus grands, en meilleure santé que les espaces en voie d'urbanisation : leurs disponibilités alimentaires étaient alors supérieures et l'environnement épidémiologique plus favorable. Ensuite, l'achèvement d'un marché national des denrées alimentaires a inversé le rapport ville-campagne. Les citadins sont devenus plus grands que les ruraux, en raison d'un meilleur soin apporté au corps et d'un pouvoir d'achat supérieur.

Ces apports originaux à l'histoire économique et sociale des États-Unis, de l'Angleterre et d'autres pays invitent l'historien français à se pencher sur l'une des sources les plus abondantes de l'histoire anthropométrique et pourtant encore très peu exploitée : les archives de la conscription française du XIXe siècle. Alors que les chercheurs travaillant sur d'autres pays européens se heurtent aux lacunes inévitables de sources issues d'administrations plus ou moins bien centralisées et qui ne mesurent que les individus qui s'engagent dans l'armée de métier, l'historien qui se penche sur le cas de la France bénéficie de données pléthoriques collectées dans un cadre administratif stable. Grâce à une utilisation diachronique des sources militaires françaises, une vision dynamique des niveaux de vie biologiques nous invite à reconsidérer les niveaux de vie et les relations entre ruraux et citadins à l'époque charnière de l'industrialisation, comprise au sens le plus large.

PREMIÈRE PARTIE

UNE NOUVELLE MÉTHODE
AU SERVICE DE LA SCIENCE HISTORIQUE

CHAPITRE I

L'ACCÉLÉRATION RÉCENTE DES PROGRÈS DE L'HISTOIRE ANTHROPOMÉTRIQUE

I – L'APPORT DES ANTHROPOLOGUES ET DES HISTORIENS JUSQUE DANS LES ANNÉES 1980

À l'époque des profondes transformations économiques et sociales que connaît l'Europe, les contemporains s'intéressent déjà à la taille des hommes, à travers les registres des armées européennes. Dès l'origine, l'anthropologie hésite entre des fondements déterministes et raciaux ou des fondements économiques et sociaux. L'adoption des présupposés actuels, qui donnent le primat à l'explication sociale, ne sera acquise qu'après 1945, quand le monde occidental rejettera avec force la «science» raciste nazie[2].

Les premiers anthropologues qui se penchent sur la taille apparaissent en Europe dans les années 1830. Le Français Louis René Villermé étudie dès 1829 l'armée napoléonienne, l'Anglais Edwin Chadwick s'intéresse en 1833 aux conditions de vie des travailleurs des manufac-

---

2   Pour une introduction complète sur l'évolution des recherches françaises du XIXᵉ siècle à la première moitié du XXᵉ siècle et sur les changements épistémologiques de l'anthropologie, voir M. A. VAN MEERTEN, «Développement économique et stature en France, XIX-XXᵉ siècles», dans *AESC*, 45, 1990, p. 755-778. Voir également la partie intitulée «Taille, maladie et société : essai d'histoire anthropologique» rédigée par J.-P. ARON dans *Anthropologie du conscrit français d'après les comptes numériques et sommaires du recrutement de l'armée (1819-1826) présentation cartographique*, Paris, 1972, p. 193 et suivantes, plus particulièrement p. 157-160. Ces deux approches, très complètes, ne comprennent pas les derniers travaux sur la question dus à J.-M. Selig, D. R. Weir, J. Baten et J. Komlos.

tures textiles britanniques, mais le nom qui reste à la postérité est celui de d'Angeville. Le baron d'Angeville est en effet le premier à établir l'existence de la ligne Saint-Malo – Genève, bien des années avant la célèbre enquête de Maggiolo : le nord de la France est plus développé, de stature plus grande que le sud[3]. D'Angeville, ancien marin, et donc cartographe expérimenté, étonne par la modernité de ses hypothèses anthropologiques. Il remarque ainsi que le nord-est de la France, à l'économie plus moderne, aux habitants de haute taille, comporte un plus grand nombre d'enfants naturels qui ne sont pas abandonnés, car l'espace en voie d'industrialisation est aussi un espace de plus grande liberté, de plus grande tolérance face aux nouveaux comportements familiaux, où l'enfant naturel fait moins scandale que dans le sud[4]. La cartographie anthropométrique d'Angeville est ainsi complétée et expliquée par une riche cartographie sociologique : géographie de l'alphabétisation, du crime, de l'impôt sur les fenêtres, de l'alimentation et statistiques concernant la ferveur catholique[5].

Certains fondateurs de l'anthropologie ont davantage la tentation de travailler aux frontières du biologique et du social, comme le prouve le titre de l'ouvrage du Belge Adolphe Quételet, *Physique sociale* (1835).

Marx lui-même semble connaître les travaux de Quételet, Villermé et Chadwick[6]. Il utilise les apports de l'anthropologie dans sa discussion sur l'impact de l'industrialisation, dans le but de faire diminuer le temps de travail dans les usines anglaises. Il établit un rapport entre conditions de production (le temps de travail), conditions nosologiques et stature.

Cette approche pré-sociologique, qui met l'accent sur le milieu, est remise en question à partir du second Empire, alors que déterminisme et science raciale commencent un développement qui ne trouvera un terme qu'en 1945[7].

---

3 A. D'ANGEVILLE, *Essai statistique sur la population française,* Bourg-en-Bresse, 1837, La Haye, 1969. La réédition de 1969 comprend une précieuse introduction sur les travaux d'Angeville par E. Le Roy Ladurie, reproduite dans *Le Territoire de l'historien,* sous le titre «Un théoricien du développement : Adolphe d'Angeville», Paris, 1973, pp. 349-392, Bibliothèque des Histoires.

4 Voir E. LEROY LADURIE, «Un théoricien du développement», *loc. cit.,* p. 361.

5 Près de 100 ans avant la carte du chanoine Boulard !

6 R. FLOUD, «The Heights of Europeans since 1750 : A New Source for European Economic History», dans *Stature, Living Standards, and Economic Development. Essays in Anthropometric History,* dir. J. KOMLOS, Chicago, 1994, p. 14-15.

7 C'est précisément en raison du lourd passé raciste de l'anthropométrie nazie que l'on peut penser que la nouvelle histoire anthropométrique est peu développée en Allemagne actuellement.

À l'époque de Darwin et Bernard, le milieu extérieur perd ses vertus explicatives, hérédité et milieu intérieur sont à l'honneur[8] : Sistach réfute les explications d'Angeville. Broca, l'introducteur de la théorie darwinienne en France, établit une nouvelle anthropologie raciale qui oppose France celtique (au sud) et France kimrique, ou germaine, au nord-est[9]. Avant même la psychose de la dépopulation et de la dégénérescence de la « race » qui s'empare des responsables français après la défaite de 1870, Broca et ses collègues débattent de l'évolution de l'état de santé des Français[10]. La compétition démographique avec l'Allemagne est antérieure à la défaite de 1870, le débat sur la taille est ouvert en France car « quelques esprits inquiets et chagrins ont accueilli avec complaisance un bruit propagé par nos voisins d'outre-Rhin, savoir, que la population française, malgré son accroissement numérique, allait en s'étiolant »[11]. Contrairement à d'Angeville, les contemporains de Broca disposent d'un recul d'une quarantaine d'années depuis l'instauration de la conscription, ce qui leur permet de saisir l'évolution anthropométrique de la population. Certains sont encore les défenseurs d'explications sociales à la dégénérescence de la taille française : « révolution sociale (…), vaccine, (…) alimentation par les pommes de terre, (…) tabac, (…) alcool, (…) inconduite universelle »[12]. Mais Broca croit plutôt au facteur biologique : « le mode de recrutement de l'armée condamne à un célibat de sept ans les hommes les plus grands et les plus valides, pendant que les plus petits et les moins

---

8   Voir à ce sujet J.-P. ARON, *op. cit.*, p. 258.

9   *Ibidem*, p. 260.

10 Voir notamment J. BOUDIN, « De l'accroissement de la taille et de l'aptitude militaire en France », dans *Journal de la Société de statistique de Paris*, 4, 1863, p. 177-201 ; du même auteur, « L'accroissement de la taille », dans *Mémoires de la Société d'anthropologie de Paris*, 2, 1865, p. 221-259 ; P. BROCA, « Sur la prétendue dégénérescence de la population française », dans *Mémoires d'anthropologie*, t. I, Paris, 1871, p. 449-497 ; J. CHAMPOUILLON, « Étude sur le développement de la taille et de la constitution physique dans la population civile et dans l'armée en France », dans *Recueil de mémoire de médecine, de chirurgie et de pharmacie militaire*, 22, 1869, p. 239-263, M. TSCHOURILOFF, « De l'accroissement de la taille en France », dans *Journal de la Société de statistique de Paris*, 16, 1875, p. 5-8, du même auteur, « Étude sur la dégénérescence physiologique des peuples civilisés », dans *Revue d'anthropologie*, 5, 1876, p. 605-664.

11 P. BROCA, article « Anthropologie », dans *Mémoires d'anthropologie*, Paris, 1989, p. 17 ; édition originale Paris, 1871, même pagination ; article repris du *Dictionnaire encyclopédique des Sciences médicales*, t. V, Paris, 1866.

12 P. BROCA, *ibidem*, p. 17.

robustes se marient et transmettent à leurs enfants leur organisation défectueuse »[13].

Malgré sa connaissance de statistiques étrangères qui établissent la corrélation entre statures et métiers, Bertillon fils reprend à son compte l'explication raciale de Broca[14]. L'opposition entre le nord et le sud de la France remonterait à l'Antiquité : «les Kimrys, ou Belges de César, étaient d'une taille beaucoup plus haute, ils avaient la tête longue, le front large et élevé »[15]. Bertillon affine même la théorie de Broca : la coexistence dans certains départements du nord-est de deux tailles dominantes, visibles par deux pics sur la courbe des effectifs par classes de taille, traduit «la coexistence d'une population grande à côté d'une population de taille ordinaire »[16]. Mais plutôt que d'y voir la formation d'une société complexe avec deux classes sociales particulièrement nombreuses, l'une étant plus favorisée que l'autre, Broca note que «les Kymris, race sans doute conquérante, ont dû envahir la Gaule en suivant le cours des grandes rivières »[17], comme la Saône et la Loire, où les deux types de taille se retrouvent[18].

Il faut attendre les années 1960 pour que les études sur la taille reprennent en France. À l'échelle régionale, notons les travaux de G. Billy portant sur la Savoie[19], de P.-R. Giot, J. L'Helgouach et J. Briard sur la Bretagne, la Basse-Normandie et les Pays-de-la-Loire[20], de P. Marquer sur les Basses-Pyrénées[21] et de G. Olivier sur le nord de la France[22].

---

13   P. BROCA, *loc. cit.*, p. 17.

14   J. BERTILLON, « Anthropologie. La taille en France », dans *Revue scientifique*, 10, 16, 1885, p. 481-488.

15   *Ibidem*, p. 482.

16   J. BERTILLLON, *ibidem*, p. 485 ; voir la carte se trouvant à la même page.

17   *Ibidem*, p. 488.

18   Cette vision raciale et déterministe de l'histoire est très répandue au XIXᵉ siècle. Ainsi A. Thierry présente la Révolution française comme la révolte du peuple gaulois contre ses seigneurs francs, après des siècles de soumission.

19   G. BILLY, « La Savoie, anthropologie physique et raciale », dans *Bulletins et Mémoires de la Société d'anthropologie de Paris*, 3, 1962, p. 1-218.

20   P.-R. GIOT, J. L'HELGOUACH, J. BRIARD, « Données anthropologiques sur les populations du nord-ouest de la France », dans *Bulletins et Mémoires de la Société d'anthropologie de Paris*, 10ᵉ série, 7, 1956, p. 309-315. Voir aussi P.-R. GIOT, *Armoricains et Bretons, étude anthropologique*, Rennes, 1951.

21   P. MARQUER, « L'évolution de la stature et de deux caractères de la pigmentation chez les conscrits basques des Basses-Pyrénées de 1870 à 1960 », dans *Bulletins et Mémoires de la Société d'anthropologie de Paris*, 3, 1962, p. 337-353.

22   G. OLIVIER, « Documents anthropométriques sur les conscrits du nord de la France », dans *Bulletins et Mémoires de la Société d'anthropologie de Paris*,

Cependant c'est l'étude de M.-C. Chamla qui est la première à s'inscrire dans une perspective française, et même européenne, dans un cadre chronologique large[23]. Portant sur la période 1880-1960, ce travail établit la forte croissance de la taille moyenne française, surtout après 1890, alors que, selon A. Bideau, «le paysage dessiné par d'Angeville et Broca perdure» d'après les sondages effectués pour 1880, 1890 et 1900[24]. Il n'y aurait pas de changement radical entre la fin des années 1830 et le début des années 1890.

M.-C. Chamla et son équipe sont les premiers en France à tenter des analyses de corrélation entre taille et facteurs sociaux dès la fin des années 1970, à l'époque où, aux États-Unis, R. H. Steckel pose les premiers jalons de ce qui deviendra la «nouvelle histoire anthropométrique»[25]. Les travaux très novateurs de l'équipe de M.-C. Chamla et de G. Olivier sont restés sans écho en France. Le même esprit anime la recherche française et américaine, mais seuls les Anglo-saxons mènent des programmes d'étude de grande ampleur qui éclairent l'histoire par la biologie. L'apport de M.-C. Chamla et de ses collaborateurs reste donc essentiel pour la compréhension de l'histoire anthropologique française de 1880 à 1960[26].

J. Houdaille et G. Soudjian travaillent sur le cas parisien de la fin du XVIIIe siècle et d'une partie du XIXe siècle[27]. G. Soudjian confirme et

---

10e série, 8, 1957, p. 47-60; G. OLIVIER et G. LEBON, *La Stature des jeunes recrues du nord de la France,* communication à la Société anatomique de Paris, 10 mars 1955.

23 M.-C. CHAMLA, «L'accroissement de la stature en France de 1880 à 1960 comparaison avec les pays d'Europe occidentale», dans *Bulletins et Mémoires de la Société d'anthropologie de Paris,* 11e série, 6, 1964, p. 201-278.

24 A. BIDEAU, «Les structures anthropologiques», dans *Histoire de la population française. 3 de 1789 à 1914,* dir. J. DUPÂQUIER, Paris, 1995², p. 271.

25 M.-C. CHAMLA, G. DEVIGNE, A. JACQUARD, E.-R. IAGOLNITZER, G. OLIVIER, «L'accroissement de la stature en France – 1 l'accélération du phénomène – 2 les causes du phénomène: analyse univariée», dans *Bulletins et Mémoires de la Société anthropologique de Paris,* 13e série, 4, 1977, p. 197-214.

26 Pour une présentation critique du travail de Chamla, à la lumière de la nouvelle histoire anthropométrique, voir J. BATEN, *Ernährung und wirtschaftliche Entwicklung in Bayern (1730-1880),* Stuttgart, 1999, p. 28-30.

27 J. HOUDAILLE, «La taille des Français au début du XIXe siècle», dans *Population,* 25, 1970, p. 1297-1298; J. HOUDAILLE, «La croissance des enfants au début du XIXe siècle», dans *Population,* 33, 1978, p. 185-187; J. HOUDAILLE, «La taille des Parisiens en 1793», dans *Population,* 38, 1983, p. 173-177. G. SOUDJIAN, «Quelques réflexions sur les statures des jeunes Parisiens sous le second Empire», dans *Ethnologie française,* 9, 1979, p. 69-84.

précise, pour le second Empire, une notion classique de géographie découverte par Villermé, l'inégal développement de l'espace parisien, entre un ouest riche (de haute stature) et un est pauvre, de petite taille.

C'est toutefois E. Le Roy Ladurie qui, dans les années 1970, apporte la contribution la plus reconnue actuellement. L'*Anthropologie du conscrit français* apporte des changements par rapport aux études des anthropologues du XIXe siècle[28], comme une cartographie plus poussée qui intègre, au niveau départemental, d'autres variables que la taille pour définir le niveau de vie. En effet, les comptes numériques et sommaires indiquent le nombre de cas de goitre, hernie, faiblesse de constitution, scorbut, surdité, boiteux, perte de doigts et autres pathologies facilement remarquables par le conseil de révision. Selon R. H. Steckel, cette étude de 1972 est emblématique de la production de l'histoire anthropologique française des années 1970 qui n'aurait pas fait suffisamment la jonction entre histoire et biologie. C'est le principal reproche que Steckel adresse aujourd'hui à l'école historique française[29] : un gain d'un centimètre ne recevrait pas de signification sociale et économique précise dans les travaux français.

Les articles publiés à côté de ce travail collectif constituent une grande nouveauté : E. Le Roy Ladurie enrichit son approche par une cartographie à l'échelle cantonale[30] et surtout en établissant une corrélation entre alphabétisation et haute stature[31].

Les historiens français se désintéressent des études anthropologiques depuis une vingtaine d'années, à l'exception notoire de la thèse de J.-M. Selig, portant sur l'étude minutieuse, individu par individu, des conscrits de l'arrondissement de Colmar des années 1830 aux années 1860[32]. Hormis les travaux de J.-M. Selig, la précocité du renouveau anthropologique dans l'historiographie française et le manque de recherche

---

28 Voir l'avant-propos d'E. LE ROY LADURIE, p. 5.

29 R. H. STECKEL, « Strategic Ideas… », *loc. cit.*, p. 809, et p. 817.

30 M. DEMONET, P. DUMONT, E. LE ROY LADURIE, « Anthropologie de la jeunesse masculine en France au niveau d'une cartographie cantonale (1819-1830) », dans *AESC*, 31, 1976, p. 700-760.

31 N. BERNAGEAU, E. LE ROY LADURIE, Y. PASQUET, « Le conscrit et l'ordinateur. Perspectives de recherche sur les archives militaires du XIXe siècle français », dans *Studi Storici*, 10, 1969, p. 260-308 ; E. LE ROY LADURIE, A. ZYSBERG, « Anthropologie des conscrits français (1868-1887) », dans *Ethnologie française*, 9, 1979, p. 47-68.

32 J.-M. SELIG, *Malnutrition et développement économique dans l'Alsace du XIXe siècle*, Strasbourg, 1996.

interdisciplinaire expliquent que le champ d'étude soit abandonné au début des années 1980. Mais c'est précisément à cette époque que les historiens anglo-saxons, s'appuyant sur les récents apports de la biologie et de la nutrition, découvrent les nouvelles possibilités offertes par l'anthropométrie[33]. Il revient aux historiens français d'avoir ouvert le champ des recherches de l'anthropologie historique, en ayant le souci d'établir des liens entre stature et facteurs culturels. Par la suite, l'histoire anthropométrique se fixe un objectif moins ambitieux mais plus précis: la mesure d'un niveau de vie biologique.

II – LA NOUVELLE HISTOIRE ANTHROPOMÉTRIQUE: LE RENOUVEAU DE L'HISTORIOGRAPHIE ANGLO-SAXONNE

Le vieux débat sur le niveau de vie à l'âge de l'industrialisation est actuellement relancé par une nouvelle approche qui se fonde sur des études anthropométriques. Celles-ci trouvent leur origine dans le débat étatsunien sur le niveau de vie des esclaves noirs[34]. R. H. Steckel a établi que les esclaves noirs américains avaient une taille supérieure aux Noirs africains: les Noirs américains étaient bien nourris, car les États-Unis étaient un pays agricole riche qui entretenait son «capital» humain. Les premières études d'anthropométrie historique des années 1970 apparaissent aussi comme une réponse au malaise contemporain ressenti par une société anglo-saxonne de plus en plus urbanisée, polluée et criminelle[35]. Le PNB n'apparaît plus comme un indicateur fidèle du niveau de vie, car il ne prend pas assez en compte le bien-être non commercialisable des individus. Les mutations culturelles des années 1970, qui se traduisent par un questionnement sur la société de consommation, expliquent le renouveau de l'histoire anthropométrique. Par la suite, le débat a porté sur les inégalités entre sexes. Ainsi,

---

33   À propos de ce rendez-vous manqué entre histoire économique et sociale et biologie (qui établit le rapport entre stature et niveau de vie), R. H. STECKEL note assez sévèrement: «Les premières recherches françaises et les articles écrits par les biologistes ne firent jamais cette connexion et restèrent obscures» («The early French litterature and the articles written by human biologists never made this connection and remained obscure»), «Strategic Ideas...», *loc. cit.*, p. 809.

34   R. H. STECKEL, «Slave Heights Profiles from Coastwise Manifests», dans *Explorations in Economic History,* 16, 1979, p. 363-380.

35   R. H. STECKEL, R. FLOUD, «Introduction», dans *Health and Welfare during Industrialization*, dir. R. H. STECKEL et R. FLOUD, Chicago, 1997, p. 10.

Engerman note que la contribution de l'activité féminine au PNB est revalorisée par l'étude de la taille, car cette dernière prend en compte le travail domestique, contrairement au classique PNB par habitant, qui ne prend en compte que l'activité régulée par le marché du travail[36]. Voilà encore une problématique de la *gender history* typiquement anglo-saxonne.

Parallèlement à cette évolution de la problématique, l'interprétation des sources indiquant des statures, principalement des registres de militaires, ne cesse de s'affiner. Des études biologiques permettent de donner un fondement scientifique aux études historiques sur la taille. Mais la biologie évolue rapidement et, pour l'instant, les conclusions que l'on peut avancer en histoire anthropométrique ne sont pas définitives[37].

Les historiens anglo-saxons nous apprennent surtout que la stature est un indicateur très synthétique du niveau de vie biologique, qui n'évolue pas nécessairement en parallèle avec le mouvement des salaires réels ou des indices de croissance économique : il y a des cycles de taille, comme il y a des cycles économiques.

III – L'APPORT DE LA BIOLOGIE

La taille finale des individus est le résultat de pousses successives au rythme plus ou moins précipité, dont l'étude scientifique est l'objet d'une discipline particulière, l'auxologie. Cette science étudie la croissance de l'état fœtal jusqu'à l'âge adulte et ses variations entre individus et populations. Elle cherche à préciser la part de l'hérédité et du milieu dans les variations de croissance.

Le facteur génétique joue un grand rôle sur la taille à l'échelle de l'individu. Chaque personne possède un potentiel génétique de croissance plus ou moins grand, les conditions du milieu extérieur (alimentation, travail, climat, stress...) influencent la réalisation effective de ce potentiel naturel. Un individu riche peut donc être petit alors qu'il aura

---

36 S. L. ENGERMAN, « The Standard of Living Debate in International Perspective : Mesures and Indicators », dans *Health and Welfare...*, *op. cit.*, p. 27-28. Selon les chiffres cités par Engerman, 10 à 40 % du PNB étaient jusqu'alors ignorés par les indicateurs traditionnels.

37 Pour une première approche, une synthèse, facilement accessible en France, est fournie par J. KOMLOS, « De l'importance de l'histoire anthropométrique », dans *ADH*, 1995, p. 211-223.

réalisé au maximum son potentiel génétique de croissance. Inversement, un pauvre peut être de taille honorable si son potentiel génétique est élevé. Pour le généticien Thoday (Cambridge), aucune caractéristique n'est héritée, et aucune n'est acquise, toutes sont développées[38]. Le biologiste J. M. Tanner, qui fait autorité dans le milieu médical et historique anglo-saxon, considère la taille adulte comme le «résultat final d'une interaction continue» des forces génétiques et humaines[39].

Pour que la taille soit un indicateur de développement humain et non génétique il faut donc considérer de larges groupes d'individus, issus d'une population homogène, où les migrations, donc les brassages génétiques, sont réduits[40]. Or, pour la France, «pendant la majeure partie du XIXe siècle, le modèle sédentaire a continué à dominer»[41]. De plus, l'étude de grandes cohortes d'individus permet de réduire l'influence du facteur génétique. Comparer la taille d'un préfet à celle d'un manouvrier n'a aucun sens. En revanche, la comparaison de la stature de 1 000 rentiers et de 1 000 salariés agricoles fait sens puisque le potentiel génétique est aléatoirement réparti entre individus, indépendamment de l'origine sociale[42]. À plus petite échelle, le raisonnement reste le même, ce qui permet d'établir des comparaisons interrégionales des statures de différentes populations.

La répartition des tailles dans une population donnée se traduit graphiquement par une courbe de Gauss, plus ou moins déformée selon la société concernée. D'une époque à l'autre, on peut considérer comme comparable la taille moyenne de la même population, approximativement située sur la surface tabulaire de la courbe de Gauss. Si la courbe n'est pas déformée au cours du temps, on peut aussi bien choisir de comparer une partie seulement de cette population, située en deçà d'une limite de taille fixe dans le temps. Ainsi, pour une population départementale, la comparaison des réformés pour défaut de taille à différentes dates nous fournit-elle un indice du développement économique et humain du département.

---

38 Cité par le biologiste J. M. TANNER, «No characteristic is inherited; and none is acquired. All are developed.», dans «Introduction: Growth in Heights as a Mirror of the Standard of Living», dans *Stature, Living Standards...*, *op. cit.*, p. 2.

39 J. M. TANNER, «the end result of (a) continuous interaction», *ibidem*, p. 2.

40 *Ibidem*, p. 1.

41 J. DUPÂQUIER, J.-P. POUSSOU, B. LEPETIT, «La persistance des traits anciens», dans *Histoire de la population française...*, *op. cit.*, p. 170.

42 On pourrait cependant objecter que la forte endogamie sociale de chaque groupe de la société française limite ce brassage génétique idéal.

Encore faut-il prendre garde à la chronologie. La taille à l'âge de 20 ans[43] nous renseigne-t-elle sur la situation sociale des trois, des dix ou des vingt dernières années?

L'historien est ici tributaire du biologiste. Les travaux d'auxologie sur lesquels il se base concernent les populations des pays du Sud actuel, qui souffrent encore de malnutrition. Or, ces travaux portent surtout sur les premiers âges de l'enfant, et très peu sur l'adolescence[44]. On peut cependant avancer que la petite enfance et la puberté sont des périodes de croissance rapide, alors que la période intermédiaire correspond à une croissance plus lente[45]. À la lumière des études récentes portant sur des populations contemporaines, on peut préciser que c'est entre l'âge de six mois et de trois ans que la plus grande partie de la différence de taille due à des inégalités sociales est acquise[46]. La croissance de la petite enfance serait deux fois plus importante que la croissance de l'adolescence[47].

La recherche historique la plus récente entérine cet apport en citant la date de naissance de la cohorte étudiée, et non plus la date où la cohorte est mesurée, contrairement à ce que faisaient les historiens il y a une vingtaine d'années[48].

---

43 Lorsque les jeunes Français passent devant le conseil de révision.

44 R. FLOUD, « La médecine et le déclin de la mortalité : indicateurs de l'état nutritionnel », dans *ADH*, 1989, p. 129.

45 R. FLOUD, « The Heigths of Europeans... », *loc. cit.*, p. 11-12. Le phénomène de la croissance est mesuré dès les débuts de l'anthropométrie par Quételet. Sur ce point, voir une comparaison du travail de Quételet et d'un travail contemporain, dans l'étude de J. HOUDAILLE sur les adolescents à l'époque de la Restauration: « La croissance des enfants ... », *loc. cit.*, p. 185-187 et, du même, « La taille des Parisiens en 1793 », *loc. cit.*, p. 173-177.

46 J. M. TANNER, *loc. cit.*, p. 2-3. Soit 1,3 cm à l'âge de deux ans sur 1,9 cm en tout à l'âge adulte. Il faut être prudent quant à une transposition anachronique de ces résultats obtenus pour le Royaume-Uni contemporain. Les inégalités sont moins criantes qu'il y a un siècle où, pour prendre le cas extrême, les nobles anglais auraient mesuré en moyenne 20 cm de plus que les Londoniens les plus pauvres (J. KOMLOS, « De l'importance de l'histoire anthropométrique », *loc. cit.*, p. 219.)

47 R. H. STECKEL, R. FLOUD, *loc. cit.*, p. 3.

48 R. H. STECKEL, « Strategic Ideas... », *loc. cit.*, p. 810. À propos du décalage de l'année de référence à la date de naissance, Steckel note : « C'était souhaitable pour des raisons méthodologiques car la croissance humaine est plus sensible aux conditions environnementales lorsque la croissance est habituellement forte, c'est-à-dire *in utero*, pendant la petite enfance, et dans une moindre mesure, pendant l'adolescence » (« This was desirable on methodological grounds because

Mais c'est dès l'état fœtal que le milieu extérieur joue un rôle sur la santé et donc la taille de l'enfant. Si l'on suit R. H. Steckel, il est impératif de prendre en compte la santé de la mère, même si on ne sait actuellement dans quelle mesure elle influence la taille du futur enfant[49].

Une autre partie des inégalités est acquise pendant l'adolescence, mais cette période peut aussi être celle des rattrapages de croissance[50]. En effet, plus les crises de croissance sont courtes et espacées, plus le rattrapage de croissance est important. Inversement, plus elles sont longues et répétitives, plus le rattrapage est faible et tardif. Ainsi, dans un contexte défavorable, ce qui est le cas pour le XIXe siècle français, la croissance peut se poursuivre jusqu'à l'âge de 23 à 25 ans[51]. En Europe, au XIXe siècle, la taille mesurée sur des individus de 17,5 ans ne correspond qu'à 98 % de la taille adulte[52]. La taille des soldats âgés de 19-20 ans étudiés par R. Floud est inférieure de 1 à 2 % à leur taille finale... soit 3,3 cm pour 2 % de 165 cm, ce qui est loin d'être négligeable[53]. Ce serait d'ailleurs pour cette raison que la taille minimum légale de réforme est abaissée de 1 cm par la loi de 1868 : les soldats français auront bien le temps de grandir pendant leur long service, selon Tschouriloff, un anthropologue contemporain[54].

De plus, c'est durant la période de longue adolescence (15-20 ans) que la corrélation serait idoine entre taille adulte et revenu par habitant.

---

human growth is most sensitive to environmental conditions during times when growth would ordinary be high, that is in utero, infancy, and to a lesser extent, adolescence »).

49 R. H. STECKEL, « Heights and Health in the United States, 1710-1950 », dans *Stature, Living Standards...*, *op. cit.*, p. 162.

50 Ce que les historiens anglo-saxons désignent couramment par *adolescent growth spurt* (R. FLOUD, « The Heigths of Europeans... », *loc. cit.*, p. 12.), ou par *catch-up growth* (R. H. STECKEL, *ibidem*, p. 163.)

51 J. M. TANNER, *loc. cit.*, p. 3.

52 R. FLOUD, *ibidem*, p. 22.

53 R. FLOUD, *ibidem*, p. 22. 165 cm est précisément la taille moyenne des Français à l'âge de 20 ans pendant une partie du XIXe siècle. La taille moyenne adulte des Français de la fin du XIXe siècle est donc peut-être plus proche de 168 cm que de 165 cm. Cette précision réduirait l'arriération du XIXe siècle, alors que la taille des appelés de 1960 est en moyenne de 170 cm avec, il est vrai, une petite enfance marquée par la guerre, mais aussi avec une forte croissance de rattrapage, liée à la société d'opulence de la seconde partie du XXe siècle.

54 « Sur la loi de 1868 abaissant la taille minimum à 155 cm », cité par G. SOUDJIAN, *loc. cit.*, p. 82.

Ainsi la période allant de 3 à 15 ans semble peu importante pour l'explication sociale de la taille. Cependant R. H. Steckel s'intéresse aux jeunes esclaves noirs qui commencent à travailler vers 8-12 ans. Selon Steckel, le travail demandé aux jeunes esclaves est progressivement alourdi et permet paradoxalement, dans un premier temps, une croissance de rattrapage car l'enfant reçoit alors plus de protéines d'origine animale[55].

Autant l'argumentaire de Steckel est convaincant pour les premiers âges, autant la période de 8-12 ans paraît ne pas devoir retenir notre attention, puisque la croissance ne se concentre pas à cet âge selon l'avis du biologiste J. M. Tanner. Ainsi l'explication avancée par D. R. Weir pour la France n'est pas entièrement satisfaisante. Weir établit une corrélation positive entre grande taille et alphabétisation à l'échelle départementale, ce qui confirme les travaux de E. Le Roy Ladurie. Il est logique d'en déduire une attitude nouvelle des femmes vis-à-vis de la contraception et de la puériculture. Des individus plus instruits font moins d'enfants et, surtout, ont les moyens matériels de s'en occuper, d'en prendre davantage soin : voilà un malthusianisme des plus classiques. Weir explique aussi que le travail physique au champ est supprimé par l'envoi des enfants à l'école[56], donc que ceux-ci dépensent moins d'énergie. Il est de plus peu probable que ce travail physique, comme pour les esclaves américains, puisse signifier un apport supplémentaire de protéines favorisant la croissance. Cependant, la relative faiblesse de la croissance à l'âge scolaire ne plaide pas en faveur d'une grande influence des facteurs sociaux sur la taille finale, sauf dans le cas d'un travail très dur, ce qui concerne une minorité d'enfants en France, du moins si l'on songe au travail dans les mines et les usines, par rapport au travail aux champs[57].

---

55 R. H. STECKEL, «Heights and Health...», *loc. cit.*, p. 163.

56 D. R. WEIR, «Parental Consumption Decisions and Child Health During the Early French Fertility Decline, 1790-1914», dans *JEH*, 53, 1993, p. 271.

57 Le débat est ouvert à propos des enfants mineurs anglais : sont-ils plus petits que les enfants travaillant aux champs parce qu'ils travaillent trop (thèse la plus crédible, développée par J. HUMPHRIES, «Short Stature among Coalmining Children : a Comment», dans *The Economic History Review,* 50, 1997, p. 531-537.), ou parce qu'ils sont sélectionnés en raison de leur petite taille pour travailler dans des veines étroites ? (thèse qui semble moins probable, de P. KIRBY, «Causes of Short Stature among Coalmining Children, 1823-1850, *ibidem,* 48, 1995, p. 687-699 et «Short Stature among Coalmining Children : a Rejoinder», *ibidem,* 50, 1997, p. 538-541).

IV – LES INTRANTS : RÔLE DE LA CONSOMMATION ALIMENTAIRE DANS UNE SOCIÉTÉ EN PLEINE MUTATION

Le XIXe siècle est en partie caractérisé par une baisse de la taille qui accompagne l'industrialisation et l'urbanisation rapides, alors que les revenus par tête augmentent. Le phénomène est observable dans plusieurs pays européens et aux États-Unis[58].

Les historiens s'entendent sur les origines sociales du changement, mais ils divergent sur l'importance des différents facteurs qui influencent l'évolution de la taille. De manière synthétique, J. Komlos distingue huit principaux facteurs qu'il rassemble en facteurs endogènes et exogènes[59]. On peut aussi résumer ces points de vue en désignant les facteurs endogènes comme des apports, ou intrants, et les facteurs exogènes comme des dépenses (d'énergie). Dans les premiers, Komlos identifie l'effet des prix relatifs, les effets de la redistribution des richesses, l'effet de la variation des revenus, celui de la croissance de la population, de la productivité de l'agriculture, de l'intégration au marché et enfin des conditions de travail des enfants. Dans les seconds, il distingue principalement le rôle du climat et celui de l'environnement épidémiologique. Les facteurs endogènes jouent un rôle important sur les apports, alors que les facteurs exogènes influencent surtout les dépenses d'énergie faites par le corps. Le froid, la maladie, l'intensité et la durée du travail marquent les populations dans leur chair. Komlos reconnaît surtout l'importance des facteurs endogènes précités[60]. Il se démarque de Steckel, partisan d'une explication multicritère, davantage axée sur tout ce qui concerne les conditions de vie de la petite enfance. Il réfute également l'explication épidémiologique dont le meilleur représentant est Riley.

Le paradoxe de la concomitance entre croissance économique et récession physique s'explique par la structure des prix : les produits agricoles sont, dans un premier temps, plus chers que les produits manufacturés car la productivité industrielle progresse plus vite que la productivité agricole[61]. La productivité agricole diminue en Europe et

---

58 J. KOMLOS signale le cas du Royaume-Uni, de la Suède, de la Bavière, de l'empire Habsbourg dans « Shrinking in a Growing Economy ? The Mystery of Physical Stature during the Industrial Revolution », dans *JEH, 58*, 1998, p. 779.

59 Pour plus de détails, J. KOMLOS, « Shrinking in a Growing Economy... », *loc. cit.*, p. 783-792.

60 J. KOMLOS, « Shrinking in a Growing Economy... », *loc. cit.*, p. 793.

61 *Ibidem*, p. 785.

aux États-Unis dans les années 1830-1840, quand la taille moyenne s'infléchit. Le phénomène est accentué car l'avènement du marché rend une majorité de consommateurs dépendants d'une économie monétarisée.

De plus, la logique de la chaîne alimentaire[62] est dans un premier temps amplifiée par la structure des prix : on achète de moins en moins de viande en quantité (mais pas forcément en valeur)[63]. Ce phénomène est particulièrement marqué dans les pays qui vivaient auparavant dans une économie dite primitive, où l'autoconsommation était importante[64]. L'intégration au marché peut donc, dans les campagnes isolées, se traduire par une phase de crise où le niveau de vie biologique, donc la taille, diminue. En effet, le prix de la viande a des conséquences sur les revenus des producteurs de viande et de céréales. On peut raisonnablement penser que les premiers voient leur régime se diversifier grâce à un fort pouvoir d'achat alors que celui des petits producteurs-consommateurs de céréales doit être dramatiquement frugal dans cette période. Il peut aussi arriver que les éleveurs limitent leur propre consommation de protéines animales pour maximiser leurs ventes.

Dans le même ordre d'idée, l'organisation de l'espace commercial par les agents économiques intermédiaires (les *middlemen* des historiens anglais) et par l'État joue un rôle d'autant plus important que la distance entre producteur (rural) et consommateur (principalement urbain) grandit : la question des pertes, de la conservation des produits et, de manière plus générale, des circuits commerciaux doit être posée. Que l'on pense à l'importance que revêt, pour les ventres parisiens,

---

62 Une calorie de protéine (viande ou laitage) est plus chère qu'une calorie de glucide (céréales principalement), puisque le bœuf mange une quantité supérieure d'herbe pour produire une quantité inférieure de viande.

63 J. KOMLOS, « Shrinking in a Growing Economy... », *loc. cit.*, p. 785 : « Le régime européen devint essentiellement végétarien, la consommation de viande conserva seulement une valeur symbolique les dimanches et jours de fêtes religieuses » (« The European diet became essentially vegetarian, meat consumption retained only a symbolic value for Sundays and Holydays »). Ici encore, le phénomène et valable surtout pour les années 1830-1840. Entre les années 1840 et 1880, la part des dépenses pour les protéines diminue de 17 % alors que celle des céréales augmente de 20 %, en réponse à une augmentation de 40 % du prix relatif des protéines. (*Ibidem*, p. 786). En France, « jusqu'à la fin du XIXe siècle, le prix relatif de la calorie d'origine animale et de la calorie de fruits et légumes augmente, celui de la calorie végétale diminue » (J. MARCZEWSKI, Avant-propos de J.-C. TOUTAIN, « La consommation alimentaire en France de 1789 à 1964 », dans *Économies et sociétés Cahiers de l'ISEA*, 5, 1971, p. 1907-1908.)

64 J. KOMLOS, « De l'importance de l'histoire anthropométrique », *loc. cit.*, p. 216.

l'adoption de la « mouture économique » par les meuniers et les boulangers « franciliens » à la fin du xviiie et au début du xixe siècle. Selon S. L. Kaplan, la récupération et la réduction des gruaux permettent d'améliorer la qualité du pain et de produire plus de pain pour la même quantité de farine[65].

J.-M. Selig établit que, dans l'Alsace du xixe siècle, la courbe des réformés pour faiblesse de constitution est parallèle à celle des prix du blé 10 ans auparavant : les adolescents pré-pubères de 8-12 ans souffrent fortement des crises du monde agricole jusqu'en 1847, puis c'est le monde industriel qui impose ses rythmes aux hommes[66].

Le xixe siècle marque un tournant dans l'histoire du bien-être français car, contrairement aux Temps modernes, le blé est de moins en moins un « mal nécessaire » : le régime alimentaire des Français se diversifie[67]. Il faut donc interroger les différents régimes alimentaires régionaux, en particulier leur composition en laitage et viande, pour mieux établir une éventuelle corrélation avec la stature. J. Baten compare ainsi, pour le Wurtemberg, le pays de Bade et la France, la consommation de produits à teneur protéique et la taille[68]. Il en déduit une forte corrélation positive entre consommation de produits laitiers et haute stature pour la plupart des régions.

On voit donc que le régime de chaque pays, voire de chaque individu, dépend de nombreux facteurs : pouvoir d'achat, disponibilité et organisation du marché, goûts culinaires traditionnels et nouveaux qui donnent la priorité à tel ou tel aliment. Ainsi, durant la première moitié du xixe siècle, en Irlande, l'apport calorique est plus important et plus riche en protéines qu'en Angleterre : les Irlandais, dont le régime est à base de pommes de terre, de lait et de poissons, sont plus grands que les Anglais, mais le traditionnel standard de vie ne permettait pas, jusqu'à présent, de voir ces inégalités. Le renversement du rapport de taille entre les deux pays, après 1850, ne signifie pas que le niveau de vie

---

65 S. L. KAPLAN, *Les Ventres de Paris : pouvoir et approvisionnement dans la France d'Ancien Régime*, Paris, 1988, p. 508 et 511 (éd. orig. *Provisioning Paris. Merchants and Millers in the Grain and Flour Trade during the Eighteenth Century*, Londres, 1984).

66 J.-M. SELIG, *op. cit.*, p. 59.

67 J.-C. TOUTAIN, *loc. cit.*, p. 1909-2049.

68 J. BATEN, « Kartographische Residuenanalyse am Beispiel der regionalökonomischen Lebensstandardforschung über Baden, Württemberg und Frankreich », dans *Historisch-thematische Kartographie. Konzepte-Methoden-Anwendung*, dir. E. EBELING, Bielefeld, 1999, p. 98-109.

traditionnel des Irlandais diminue, mais que le niveau de vie biologique régresse. On passe d'un régime sain à un régime au pain et au thé, certes plus appétissant, mais moins équilibré et moins calorique[69]. Les modes alimentaires peuvent jouer un rôle important dans le niveau de vie biologique.

La taille moyenne d'une population peut varier alors que la consommation moyenne par tête reste identique : la distribution des richesses est susceptible de changer. Si les inégalités augmentent, comme cela semble être le cas dans les premiers temps de l'industrialisation, les plus riches, déjà arrivés à saturation nutritionnelle, ne grandiront pas plus, alors que les plus pauvres verront leurs conditions de vie se dégrader et par conséquent leur taille diminuer[70].

Cette remarque joue aussi dans la cellule familiale. En temps de crise, les mères souffrent plus vite de malnutrition et s'en remettent plus lentement, entre autres en raison de la priorité donnée aux hommes au sein de l'économie familiale. Or la mauvaise santé maternelle peut influencer la malnutrition de l'enfant et donc sa taille « jusqu'à son adolescence »[71].

Ainsi la structure des consommations et des consommateurs est capitale, à quelque niveau que l'on se place. De multiples facteurs l'influencent, poids relatif de la population, structure des revenus, rôle des dépenses alimentaires, des prix relatifs[72], eux-mêmes dépendants des productivités. La variation des revenus est aussi importante dans une économie où de plus en plus de travailleurs ne vivent plus de la culture. Dans l'Angleterre très urbanisée, un chômeur citadin est plus vulnérable qu'un petit propriétaire exploitant face aux fluctuations du marché. C'est peut-être moins le cas en France, car les secours aux indigents des villes semblent mieux organisés et mieux financés qu'à la campagne,

---

69   J. MOCKYR, C. O'GRADA, « The Heights of the British and the Irish c. 1800-1815 : Evidence from Recruits to the East India Company's Army », dans *Statures, Living Standards...*, op. cit, p. 39-59. Voir aussi S. NICHOLAS, R.H. STECKEL, « Tall but Poor : Living Standards of Men and Women in Pre-Famine Ireland », dans *Journal of European Economic History*, 26, 1997, p. 105-134.

70   R. H. STECKEL, « Heights and Health... », *loc. cit.*, p. 165 ; J. KOMLOS, « Shrinking in a Growing Economy ?... », *loc. cit.*, p. 783. L'idée d'une augmentation des inégalités dans les premiers temps de l'industrialisation est connue en France sous le nom de « loi d'inégalité non proportionnelle ».

71   J. KOMLOS, « De l'importance de l'histoire anthropométrique », *loc. cit.*, p. 219.

72   Hypothèse retenue par J. BATEN pour expliquer la baisse de la taille des Anglais après l'abolition des *Corn Laws*, qui entraîne une consommation accrue de céréales au détriment des protéines animales (*op. cit.*, p. 108 et 112).

où l'aisance moyenne des donateurs est globalement plus faible[73]. La question du travail des enfants reste très ouverte, car ce dernier a des conséquences non seulement sur les dépenses en énergie, mais aussi sur les apports : selon certaines études anthropométriques, on nourrit plus un enfant qui travaille, comme cela semble le cas pour les jeunes esclaves noirs d'Amérique. Selon d'autres études, les dépenses sont plus importantes que les apports supplémentaires accordés au jeune travailleur. Ce facteur d'explication reste ambigu, il est peu utilisé par les historiens et l'on ne peut cerner facilement son influence sur la santé de l'adulte.

V – LES DÉPENSES D'ÉNERGIE, ENTRE SOCIÉTÉ, ÉCONOMIE ET MALADIES

Le niveau de vie biologique ne dépend pas que de l'apport en calories, mais aussi des dépenses faites par le corps[74]. En ce sens, la taille est un indicateur plus fidèle du niveau de vie que le revenu ou la consommation par tête de tel ou tel produit, car ces indicateurs ne considèrent qu'une partie des intrants et non la totalité des apports et des dépenses[75]. Komlos et Baten n'accordent qu'une importance secondaire aux dépenses d'énergie, alors que Steckel et Weir insistent beaucoup plus sur les facteurs exogènes pour expliquer la baisse de taille. Selon Engerman, l'influence des maladies sur la croissance n'est reconnue que depuis peu ; son impact serait maximum de la naissance à l'âge de deux ans[76]. Au contraire, la relation entre revenu, consommation alimentaire et taille serait moins forte que précédemment supposé[77]. Il arrive même qu'une période de cherté ne se traduise pas par une baisse de la taille moyenne. Celle-ci peut augmenter alors que parallèlement le taux de mortalité augmente. Les plus petits, qui sont les plus mal nourris, meurent en premier. Les survivants ont donc une taille moyenne plus élevée qu'avant la crise de cherté.

---

73 S. MUCKENSTURM, *Soulager ou éradiquer la misère ? Indigence, assistance et répression dans le Bas-Rhin au XIXᵉ siècle,* Strasbourg, 1999.

74 Voir une mise au point récente et synthétique dans R.H. STECKEL, R. FLOUD, « Introduction », *loc. cit.*, p. 4 et suivantes.

75 De plus, l'étude de la taille nous renseigne sur le niveau de vie des personnes aux activités non salariées, ou aux revenus annexes non comptabilisés dans les salaires.

76 S. L. ENGERMAN, « The Standard of Living Debate ... », *loc. cit.*, p. 37.

77 S. L. ENGERMAN, *ibidem*, p. 38.

Les dépenses du corps peuvent considérablement varier, particulièrement dans la période de croissance, suivant le milieu social, le milieu épidémiologique et le milieu économique, ces trois éléments étant souvent interdépendants et agissant de concert avec l'alimentation. Ainsi, la densité d'occupation de l'espace, surtout si elle est rapportée à la productivité des terres agricoles, joue-t-elle un rôle sur l'environnement épidémiologique. Une épidémie se répand beaucoup moins facilement dans un environnement où l'air est pur, l'eau potable et non contaminée, les contacts entre les hommes réduits. La théorie des miasmes, qui se répand au xviiie siècle, a pu avoir des conséquences indirectes sur la santé européenne. Afin d'assainir l'air et de lutter contre l'eau stagnante, les pouvoirs publics ont fait drainer des marais, ce qui a eu pour conséquence (et non pour but) l'éradication des insectes, vecteurs de transmission de nombreuses maladies[78].

Dans le même ordre d'idée, «le régime démographique alpin» des hautes vallées de Savoie, mis en évidence par P.-P. Viazzo[79], correspond à une démographie de «basse pression» et d'économie pastorale, où les maladies digestives et respiratoires sont rares, alors que l'enfant bénéficie des protéines d'un régime pastoral. Du milieu du xixe siècle jusqu'au début du xxe siècle la mortalité infantile est donc inférieure à celle des vallées céréalières, espace de «haute pression» démographique. P.-P. Viazzo n'exclut pas le facteur de l'alphabétisation puisque le recensement de 1848 en Savoie montre une corrélation positive entre alphabétisation et faible mortalité infantile[80].

On voit donc bien qu'il faut remettre en question la division physiocratique que l'on peut avoir de l'espace agricole : les régions à dominante céréalière, régions de grandes exploitations où les journaliers sont de plus en plus nombreux, n'ont pas nécessairement le niveau de vie biologique qui évolue le plus favorablement, alors que le marché impose sa «loi» de plus en plus dure. Inversement, les régions méprisées par les physiocrates et leurs héritiers, les régions bocagères, les régions d'élevage et de montagne, ne sont pas nécessairement les parents pauvres de la France.

---

78 Théorie de J. RILEY, voir le résumé de A. PERRENOUD, très complet sur la question, «Atténuation des crises et déclin de la mortalité», dans *ADH*, 1989, p. 16.

79 P.-P. VIAZZO, «Les modèles alpins de mortalité infantile», dans *ADH*, 1994, p. 97-119.

80 P.-P. VIAZZO, *ibidem*, p. 108.

Au contraire du milieu rural, souvent favorable aux grandes tailles, le milieu urbain multiplie les facteurs défavorables : eaux usées qui se confondent souvent, dans les premiers temps de l'industrialisation, avec eaux dites potables, devenant ainsi un facteur pathogène important, promiscuité favorisant les épidémies, pauvreté, et donc faiblesse des corps plus vulnérables aux disettes et maladies. Pour les États-Unis, Fogel estime valable l'hypothèse d'une croissance urbaine rapide qui explique 20 % de la baisse de taille entre 1830 et 1860[81].

La controverse entre historiens sur les facteurs qui influencent l'évolution de la taille est donc très actuelle. Weir établit pour la France une corrélation négative entre taux de mortalité à l'âge de 10 ans et taille adulte[82]. La relation est connue des historiens anthropologues anglo-saxons[83]. Selon certains historiens, la variation de la taille serait donc avant tout une question épidémiologique. On suppose alors que le rôle des dépenses énergétiques est plus important que le rôle des apports pour le bien-être humain[84].

---

81 Cité par R. H. STECKEL, « Heights and Health... », *loc. cit.*, p. 166.

82 D. R. WEIR, « Economic Welfare and Physical Well-Being in France, 1750-1990 », dans *Health and Welfare...*, *op. cit.*, p. 182. Voir les tableaux pp. 180-183 concernant les autres variables explicatives.

83 Pour une synthèse sur le débat concernant les causes du déclin de la mortalité, voir A. PERRENOUD, « Atténuation des crises... », *loc. cit.*, p. 13-30. La question reste très ouverte : « S'il est un sujet aujourd'hui controversé, c'est bien celui de la synergie entre nutrition, morbidité et mortalité dans les populations du passé », *ibidem*, p. 15.

84 « La maladie provoqu(e) souvent des pertes de poids et des retards de croissance plus sévères que ceux qui peuvent être imputés à un régime alimentaire insuffisant », P. G. LUNN, « Nutrition, immunité et infection », dans *ADH*, 1989, p. 111. Bonne analyse du mécanisme biologique et social de la diarrhée dans les pays du Sud. Les conséquences de maladies répétées peuvent être une perte non rattrapable de taille.
Voir aussi le débat sur les conséquences de la variole sur la taille en Angleterre : T. LEUNIG, H. J. VOTH, « Did Smallpox reduce Height ? Stature and the Standard of Living in London, 1770-1873 », dans *The Economic History Review*, 49, 1996, p. 541-560, article auquel répondent les partisans des apports en énergie : J. BATEN, M. HEINTEL, « Smallpox and Nutritional Status in England, 1770-1873 : on the Difficulties of Estimating Historicals Heights », *ibidem*, 51, 1998, p. 360-371, voir aussi un problème d'interprétation des sources concernant la variole : P. RAZZELL, « Did Smallpox reduce Height ? », *ibidem*, 51, 1998, p. 351-359. Enfin la réponse de VOTH et LEUNIG : « Smallpox did reduce Height : a Reply to our Critics », même référence, p. 372-381.

Le débat est enrichi par la réflexion des historiens démographes. Perrenoud explique les variations de mortalité infantile au xixe siècle par le climat. Pour lui, il est important de distinguer niveau et tendance de la mortalité[85]. Le premier dépend de facteurs sociaux, car il existe de grandes inégalités spatiales, la seconde dépend de facteurs agissant sur des espaces très hétérogènes, elle est donc d'origine naturelle. D'ailleurs, comment expliquer autrement le recul de la mortalité infantile en France entre 1790 et 1829, alors que le contexte est défavorable ? Rollet émet l'hypothèse de chaleurs et pluviosités importantes dans les années 1850-1880 qui expliqueraient une hausse de la mortalité infantile dans des pays économiquement aussi différents que la France, la Suède, la Belgique ou la Finlande[86]. Toute l'originalité de la réflexion de Perrenoud tient dans l'inversion du rapport traditionnellement admis en histoire entre climat et démographie. On admet que les époques froides sont défavorables aux rendements agricoles élevés, et donc à la croissance démographique. Mais « on n'a guère remarqué (...) que les périodes de recul de mortalité correspondent plutôt à des périodes de refroidissement du climat »[87], toujours à des fins de siècles, mais dans des conditions sociales différentes : vers 1490, 1590, 1690, 1790 et 1890. Le froid tue les microbes, alors que ceux-ci prolifèrent par temps chaud. Les diarrhées sont particulièrement importantes avec la chaleur, surtout chez l'enfant. Le déficit nutritionnel est alors très grave, surtout s'il n'y a pas suralimentation, ce qui nous renvoie à la culture, à la puériculture, à des questions sociales. Ainsi s'expliquent des déficits cumulatifs[88] de croissance qui influent sur la taille.

Dans cette hypothèse, toutes les populations seraient touchées par les mêmes variations de taille. Comment alors expliquer des rythmes différents pour les esclaves noirs et les Blancs aux États-Unis ? Komlos invite donc à étudier avant tout la productivité agricole et la révolution

---

85   A. PERRENOUD, «La mortalité des enfants en Europe francophone : état de la question», dans *ADH*, 1994, p. 79-82.

86   C. ROLLET, «La mortalité des enfants dans le passé : au-delà des apparences », dans *ADH*, 1994, p. 19. Pour l'hypothèse de fluctuations de la mortalité dues à des causes sociales, voir J. VALLIN, «Mortalité en Europe de 1720 à 1914 : tendances à long terme et changements de structures par sexe et par âge », dans *ADH*, 1989, p.31-54, notamment p. 39.

87   A. PERRENOUD, «Atténuation des crises... », *loc. cit.*, p. 27.

88   A. PERRENOUD, «La mortalité des enfants... », *loc. cit.*, p. 88.

des transports qui lui est liée. On peut aussi émettre l'hypothèse que facteurs humains et facteurs naturels se combinent. Il est devenu nécessaire de mener à plus grande échelle des études qui nous aident à voir plus précisément le rôle respectif des intrants et des dépenses entre ville et campagne, entre hommes et femmes[89].

.

---

89 J. KOMLOS, « Shrinking in a Growing Economy ?... », *loc. cit.*, p. 793-794.

Chapitre II

LE CAS FRANÇAIS : QUELLE ÉVOLUTION, QUELS CRITÈRES POUR QUELS FACTEURS ?

L'interaction de tous les facteurs précédemment décrits explique que dans les premiers temps de l'industrialisation, les campagnes des pays anglo-saxons possèdent un niveau de vie biologique supérieur aux villes, avant que le rapport ne s'inverse à l'extrême fin du XIXe siècle et au début du XXe siècle : les citadins commencent à mieux manger et à dépenser moins d'énergie dans un environnement moins hostile. Ainsi, de la fin du XVIIIe siècle jusqu'à la Première Guerre mondiale, le nord-est des États-Unis a une stature moyenne inférieure à celle du sud[90]. Le constat est le même pour l'Angleterre face à l'Irlande au cours de la première moitié du XIXe siècle[91]. P. Riggs arrive à la même conclusion en comparant la taille des ruraux et des citadins en Écosse de 1800 à 1850[92]. T. Shay établit cette inégalité de niveau de vie biologique pour le Japon de l'ère Meiji[93]. Il est donc grand temps que l'on se penche sur l'évolution régionale de la stature en France au XIXe siècle.

---

90 R. H. STECKEL, « Heights and Health... », *loc. cit.*, p. 158-160.
91 Voir J. MOCKYR, C. O'GRADA, « The Heights of the British and the Irish... », *loc. cit.*, p. 39-59.
92 P. RIGGS, « The Standard of Living in Scotland, 1800-1850 », dans *Stature, Livings Standards...*, *op. cit.*, p. 60-75.
93 T. SHAY, « The Level of Living in Japan, 1885-1938 : New Evidence », *ibidem*, p. 173-201.

I – LA NOUVELLE HISTOIRE ANTHROPOMÉTRIQUE DE LA FRANCE : ÉTAT DE LA QUESTION, UN CHAMP HISTORIQUE À INVESTIR

L'entreprise est déjà commencée par D. R. Weir et J. Komlos[94]. Il est significatif que D. R. Weir, le seul qui s'intéresse actuellement à l'anthropométrie de la France, publie le résultat de ses recherches dans des ouvrages de langue anglaise. Les premiers travaux de D. R. Weir (1993) expliquent le maintien de la stature moyenne des Français au XIXe siècle par la précocité du déclin de la fécondité, c'est-à-dire par une faible croissance démographique. Par rapport aux autres pays européens, la France bénéficie d'un régime de faible accroissement démographique qui permet de maintenir une certaine qualité de vie et une certaine stature malgré l'intensification du travail : l'urbanisation française est modérée et les salaires de la main d'œuvre permettraient, par rapport à d'autres pays, de maintenir un niveau nutritionnel quasiment inchangé[95]. D'autre part, la distribution plus large de la propriété est un facteur de stabilité par rapport aux autres pays[96]. La spécificité de l'évolution anthropométrique française est ainsi établie par Weir[97]. Elle s'inscrit dans une société continentale beaucoup plus rurale, agraire, moins industrialisée que la société anglaise.

Les travaux de Weir s'intègrent donc d'abord dans une perspective différente de celle suivie par J. Komlos : le marché ne jouerait aucun rôle au XIXe siècle, et l'évolution de la taille en France ne s'expliquerait pas, et de loin, par la seule nutrition. Ainsi, Weir fournit une comparaison de la consommation de viande des villes et des campagnes, mais il n'indique pas en parallèle l'évolution de la taille pour chacun de ces milieux. Il ne précise pas pour autant si l'hypothèse d'une évolution parallèle entre consommation de viande et taille a été examinée, vraisemblablement parce que le calcul de la taille moyenne des Français des villes et des campagnes est trop complexe[98]. Ce vide est d'autant

---

94   Les récents travaux de J. Komlos, qui concernent la France de la fin du XVIIe siè-cle à la fin du XVIIIe siècle, ne nous intéressent pas directement pour la période contemporaine qui est seule retenue dans la présente étude. « The Anthropometric History of Early-Modern France », en collaboration avec M. HAU et N. BOUR-GUINAT, communication faite à la Fourth European Historical Economics Society Conference, Oxford, 22 septembre 2001.

95   D. R. WEIR, « Parental Consumption Decisions... », *loc. cit.*, p. 259-272.

96   D. R. WEIR, « Economic Welfare... », *loc. cit.*, p. 163.

97   Voir le graphique I.

98   D. R. WEIR, « Economic Welfare... », *loc. cit.*, p. 178.

plus regrettable que, selon Weir lui-même, la viande «était la source première de protéine, un nutriment important[99]».

Il insiste plutôt sur le rôle des maladies et sur la répartition des ressources entre parents et enfants[100]. Au XIXe siècle, la priorité est donnée au sein de la cellule familiale aux travailleurs qui rapportent de quoi nourrir la famille. Il est donc logique de bien nourrir en priorité les hommes adultes, ce qui donne l'explication de la non augmentation de la stature en France, puisque les forts besoins alimentaires des jeunes ne sont pas satisfaits. La situation évoluerait au XXe siècle, avec un plein alimentaire qui permettrait une nutrition convenable des jeunes, d'où une forte poussée de la taille.

Dans une autre contribution (1997), Weir réalise à l'échelle départementale une série de corrélations entre la taille médiane et des facteurs socio-économiques[101]. Il constate avec surprise qu'à travers les départements, la taille est positivement corrélée avec l'urbanisation pour la période 1840-1911[102]. Urbanisation étant synonyme d'alphabétisation, Weir explique la corrélation par un soin plus grand apporté à l'enfant en milieu urbain. Globalement, les effets positifs de l'urbanisation (gains nutritionnels) l'emportent sur les effets négatifs (maladies) dans le cas français[103]. Le rôle de l'alimentation est donc réévalué à la hausse. La corrélation entre urbanisation et grande taille mérite cependant d'être précisée. En effet, en choisissant comme unité le département, le degré d'erreur de la corrélation est assez élevé : les individus les plus grands du département n'habitent pas nécessairement dans les villes. De plus, Weir met en évidence, de la Restauration au début de la IIIe République[104], l'énorme différence entre villes et campagnes en ce qui concerne la consommation de la viande, beaucoup plus importante dans les villes. La taille des citadins devrait s'en trouver d'autant plus grande, ce que confirmerait la corrélation entre alphabétisation et grande stature qui devrait être le propre du milieu urbain. Cependant ces observations sont en contradiction avec les forts taux de mortalité qui sont caractéristiques des villes du passé. Il est donc nécessaire d'étudier la taille des citadins à grande échelle pour préciser leur niveau de vie :

---

99 *Ibidem*, p. 173 : «It was the primary source of protein, an important nutrient».

100 D. R. WEIR, «Parental Consumption Decisions... », *loc. cit.*, p. 271.

101 D. R. WEIR, «Economic Welfare... », *loc. cit.*, p. 161-200.

102 D. R. WEIR, «Economic Welfare... », *loc. cit.*, p. 182.

103 *Ibidem*, p. 183.

104 *Ibidem*, p. 171.

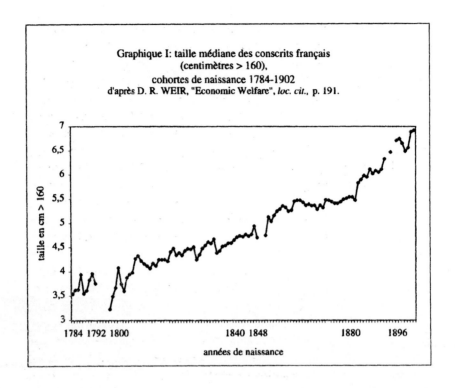

Graphique I: taille médiane des conscrits français
(centimètres > 160),
cohortes de naissance 1784-1902
d'après D. R. WEIR, "Economic Welfare", *loc. cit.*, p. 191.

sont-ils plus petits ou plus grands que les ruraux et à quelle époque? Il semble dès à présent que l'urbanisation française se fasse de manière moins dramatique qu'en Angleterre au cours du siècle, ce qui expliquerait une évolution anthropométrique assez favorable dans le cas français. La problématique anglo-saxonne ne semble pas tout à fait adaptée à la réalité française.

Les variations de taille moyenne sont faibles au XIXe siècle[105]. La taille moyenne des Français ne croît que de 2,5 cm de la cohorte de naissance de 1800 à la cohorte de naissance de 1893, passant de 164 à 166,5 cm[106]. Ce faible mouvement à petite échelle cache peut-être des changements à plus grande échelle, dans les villes françaises. Quoiqu'il en soit, la France apparaît actuellement, avec d'autres pays tels les Pays-Bas, la Suède ou le Japon, comme un exemple de croissance de

---

105 D. R. WEIR évoque une croissance lente mais régulière de la taille, «Economic Welfare... », *loc. cit.*, p. 175.

106 D. R. WEIR, *ibidem,* p. 175-176.

taille sans incident majeur[107]. Pour Steckel et Floud, cela s'explique par trois facteurs principaux : d'abord la chronologie de l'industrialisation, surtout au regard du développement de la théorie du germe et des précautions dans la lutte anti-microbienne. Un pays tardivement urbanisé bénéficie des apports de cette théorie dans la lutte urbaine contre la maladie, alors que la ville est déjà un espace assez riche. Ce facteur joue surtout après 1880. Les pays qui s'urbanisent massivement avant cette date, comme l'Angleterre, sont donc désavantagés. Deuxièmement, l'urbanisation lente est bénéfique pour la santé. En ce sens, la France est originale, puisqu'elle présente le paradoxe d'un pays qui s'industrialise précocement tout en s'urbanisant lentement et tardivement[108]. Enfin, Steckel et Floud reconnaissent le grand rôle joué par l'alimentation. La France serait même le pays où la corrélation entre alimentation et stature serait la plus claire[109].

Baten confirme cette hypothèse dans une analyse de corrélation qui met en parallèle, à l'échelle départementale, la part des grands pour 1874 (plus de 167 cm) et la production de lait par tête, d'après Toutain, en valeur monétaire (pour 1840)[110]. Un groupe de départements à résidu positif, allant de l'Oise à la Saône-et-Loire, déroge au modèle suggéré par cette analyse[111]. Une analyse supplémentaire mettant en parallèle salaires réels et part des plus grands est significative[112], même si les salaires sont donnés par région et non par département (pour 1862). Il reste alors des résidus positifs dans une zone située entre Ain et Côte-d'Or, et négatifs en Basse-Normandie . La taille anormalement basse des Normands serait due à une forte exportation de protéines vers le grand centre de consommation aisé que représente l'agglomération parisienne. Au contraire, la taille anormalement élevée des départements de Bourgogne et de Franche-Comté correspond à un espace d'élevage de montagne enclavée où l'autoconsommation de produits laitiers est importante. Le Jura constitue donc un exemple de région qui doit la

---

107 R. H. STECKEL, R. FLOUD, « Conclusions », dans *Health and Welfare*..., p. 430-431.

108 R. H. STECKEL, R. FLOUD, *ibidem*, p. 436.

109 *Ibidem*, p. 434.

110 J. BATEN, *loc. cit.*, p. 105. Pour la France, $R^2 = 0,38$, ce qui signifie que la variable « production de lait » et la variable « salaires réels » expliquent 38 % de la variable « part des plus de 167 cm » (*Ibidem*, Tableau 2, p. 105.)

111 Voir en annexe le tableau des résidus aimablement communiqué par J. Baten.

112 J. BATEN, *loc. cit.*, p. 106.

bonne santé de ses habitants à son éloignement du marché. Toujours dans « l'hypothèse Komlos » d'une influence défavorable de l'ouverture au marché sur la croissance humaine des espaces périphériques, la Basse-Normandie constitue un exemple d'économie intégrée à un marché urbain en forte croissance. Cela expliquerait la taille anormalement petite des Bas-Normands.

II – LA PROBLÉMATIQUE RETENUE : POUR UNE HISTOIRE DES PETITS ET DU MARCHÉ

Pour vérifier dans le cas français la pertinence des hypothèses de Komlos et de Steckel, mais toujours dans un cadre spatial très large, il est nécessaire de prendre un indicateur anthropométrique autre que la taille moyenne. Baten choisit la part des plus grands (plus de 167 cm). L'évolution de la proportion de réformés pour défaut de taille paraît également être un critère fiable, déjà expérimenté par Selig. Elle est loin d'ê-tre anecdotique, car elle exprime la part des très pauvres dans la popula-tion totale. De récents travaux établissent qu'au XIXe siècle une diminu-tion d'un centimètre due à des facteurs sociaux correspondrait pour le groupe concerné à une perte de 1,8 ans d'espérance de vie. Les cher-cheurs anglo-saxons invitent d'ailleurs à remplacer l'espérance de vie par la taille adulte lorsque le calcul de l'espérance de vie est impos-sible[113]. Le seul critère des « réformés pour défaut de taille », ou petits[114], est donc lourd de conséquences sociales et constitue un objet de recherche historique. En comparant la proportion dans le temps et dans l'espace des très petits par rapport à la population totale, on peut saisir les inégalités sociales en France. Voici apparaître l'un des princi-

---

113 R. H. STECKEL, R. FLOUD, « Introduction », *loc. cit.*, p. 12. La taille moyenne la plus petite jamais mesurée sert de référence. On la trouve chez les Bundis de Nouvelle Guinée (156 cm). La limite supérieure (180 cm) correspond à la taille moyenne d'une population occidentale contemporaine.

114 L'anthropologie admet traditionnellement, y compris pour l'Europe occidentale du XIXe siècle, que la répartition des tailles est :
– moins de 160 cm : petits (chamaesomes).
– de 160 à 169,9 cm : moyens (mésosomes, eux-mêmes subdivisés en mésosomes sous-moyens (160 à 164,9 cm) et mésosomes sur-moyens (165 à 169,9 cm).)
– plus de 170 cm : grands (hypsisomes).
Voir à ce sujet G. SOUDJIAN, *loc. cit.*, p. 82. Cette typologie est due au profes-seur Vallois du Laboratoire d'Anthropologie de l'École pratique des Hautes Étu-des.

paux facteurs de variation de la taille selon Komlos et Steckel, observable de manière plus fiable que dans les sources anglo-saxonnes.

De plus, les historiens anglo-saxons débattent du rôle respectif des intrants (facteurs endogènes) et des dépenses (facteurs exogènes) dans les variations de taille. Notre travail s'inscrit dans ce débat actuel, avec l'objectif de cerner l'influence des apports en énergie sur une population bien définie, puisqu'il s'agit des plus pauvres (les jeunes mesurant moins de 157 cm ou 156 cm, suivant les années) ; cependant l'étude de la taille moyenne n'est pas écartée. Le choix d'étudier les intrants plutôt que les dépenses s'explique par des raisons logiques : il est raisonnable de supposer que la loi d'Engel[115] s'applique plutôt à des populations défavorisées[116]. En effet, la taille des plus pauvres doit être particulièrement sensible aux changements qui surviennent dans le budget alimentaire, d'autant plus qu'on admet généralement que 66 % des revenus familiaux sont engloutis par ce dernier au milieu du XIXe siècle. Ainsi la problématique retenue dicte-t-elle les choix à faire dans le traitement statistique des sources.

---

115 La loi d'Engel étudie l'évolution de la structure de consommation des ménages. Plus le ménage est pauvre, plus la part du budget familial dévolue à l'alimentation est importante.

116 De plus, l'étude de l'influence des maladies sur la taille est malaisée : voir J. BATEN, *op. cit.*, p. 103. Voir plus loin dans le présent ouvrage les problèmes méthodologiques posés par les sources françaises.

DEUXIÈME PARTIE

SOURCES ET MÉTHODOLOGIE

CHAPITRE III

DES SOURCES RICHES
ENCORE PEU EXPLOITÉES

I – UN ÉCHANTILLON STATISTIQUE DE QUALITÉ: LES ARCHIVES DE LA CONSCRIPTION

L'historien anthropologue dispose de trois sources pour mesurer le conscrit français de manière simple. La loi Gouvion Saint-Cyr du 6 mars 1818 fixe les modalités de recrutement des jeunes Français, sans grands changements au cours du siècle. L'incorporation d'une classe se fait en trois temps: recensement, tirage au sort puis passage devant le conseil de révision[117].

Par exemple, la classe née en 1829 est appelée classe 1849 car ses individus sont examinés à l'âge de 20 ans révolus, en 1850. Le recensement concerne tous les jeunes Français en âge de faire leur service militaire. Au début de l'année, devant les autorités compétentes, tous les jeunes gens tirent eux-mêmes au sort un numéro qui décide de leur ordre de passage devant le conseil de révision. Ce conseil, qui circule dans les différents chefs-lieux de cantons du département aux mois de mai et juin, décide, sur critère médical, du sort de chaque individu: bon pour le service ou réformé. Les jeunes gens effectivement examinés par le conseil constituent généralement la moitié environ d'une classe d'âge. En effet, le conseil cesse d'examiner les jeunes gens dès que le nombre de soldats que doit fournir le canton est atteint. Ainsi, on ne dispose pas d'informations médicales sur les chanceux qui ont tiré au sort un

---

117 Pour une présentation détaillée et critique du système français de recrutement, voir J.-M. SELIG, *op. cit.*, p. 25-45.

numéro assez élevé pour ne pas faire partie des jeunes gens examinés. L'échantillonnage que nous offrent les sources demeure toutefois très fiable, puisque l'ordre de passage devant le conseil de révision est fixé par le hasard et non sur un critère social.

La France est l'un des rares pays au XIXᵉ siècle à bénéficier d'un échantillon aussi représentatif de sa population, par opposition aux pays qui ne disposent que d'une armée de métier, où les hommes sont sélectionnés beaucoup plus sévèrement sur leurs critères physiques et où l'histoire anthropométrique est donc plus difficile à reconstituer. L'administration française applique avec rigueur la loi Gouvion Saint-Cyr, qui est à l'origine de statistiques conçues chaque année à partir de 1818. Ces statistiques annuelles se calquent sur la carte administrative française.

Au niveau local (le conseil de révision se tient au chef-lieu de canton), les listes de tirage permettent de connaître les jeunes Français individuellement. J.-M. Selig utilise ces listes pour l'étude de l'arrondissement de Colmar. Ces sources sont les plus fiables qui soient pour établir des corrélations exactes, par exemple entre taille et métier, puisqu'elles permettent une analyse individuelle[118]. En contrepartie de cette précision, les listes demandent un énorme travail : les études sont alors nécessairement très ciblées[119].

Au niveau départemental, on trouve les comptes rendus numériques et sommaires qui réunissent les informations des listes de tirage par commune, canton et arrondissement[120]. Un compte rendu permet ainsi d'avoir une vue départementale, voire communale d'un contingent. Par juxtaposition de ces sources, E. Le Roy Ladurie et son équipe ont dressé des cartes nationales des conscrits français, d'abord avec un maillage départemental, puis cantonal[121].

Ces comptes rendus départementaux sont plus maniables que les listes de tirage, puisqu'ils décrivent une réalité plus générale, mais ils

---

118 Pour une présentation du contenu de ces listes, voir J.-M. SELIG, *op.cit.*, p. 73.

119 D'après nos observations, ces listes ne portent pas toujours mention de la taille des «bons pour le service», et les réformés ne sont pas toujours mesurés. On peut compléter les informations par les listes (annuelles) du contingent, qui résument les informations au niveau départemental (avec une ventilation cantonale) et mentionnent la taille des jeunes incorporés et leur métier.

120 Pour une présentation du contenu de ces comptes rendus, voir J.-M. SELIG, *op. cit.*, p. 69-70.

121 M. DEMONET, P. DUMONT, E. LE ROY LADURIE, « Anthropologie de la jeunesse masculine... », *loc. cit.*, p. 700-760.

sont aussi moins précis. En effet, l'analyse corrélative n'est plus possible au niveau individuel, puisque l'unité de comput est désormais la commune. De plus, ces comptes rendus ne sont conservés pour la France entière au même endroit[122] que pour les années 1819-1826, ce qui explique le choix des dates d'E. Le Roy Ladurie, mais aussi de l'équipe de M.-C. Chamla.

Cependant, une troisième source, jusqu'alors peu exploitée, existe au niveau national : les comptes rendus (nationaux) sur le recrutement de l'armée. Il n'est pas exagéré d'écrire que ces sources sont peu connues : dans sa thèse publiée en 1996, J.-M. Selig ne dénombre que les deux sources cantonales et départementales précitées[123]. P. Boulanger fonde sa thèse sur l'exploitation de cette source nationale pour les années 1914-1922[124]. Il note que, selon les années, ces comptes rendus sont conservés dans différents endroits et sous des cotes différentes[125]. Une recherche systématique fondée sur cette source ne semble pas possible. D. R. Weir base cependant son travail sur ces mêmes sources pour une période assez longue, qui couvre le XIXe siècle, preuve supplémentaire de l'intérêt très récent et très rare qu'elles suscitent[126].

Les comptes rendus (nationaux) sur le recrutement de l'armée sont des documents imprimés qui dressent l'état du contingent national, avec un maillage départemental. Ils se présentent comme la *Statistique Générale de France*. Ils sont d'une grande clarté, afin d'être utilisés par des parlementaires, des officiers d'état-major, des journalistes[127]. Ils comportent deux parties : la première est un compte rendu rédigé du déroulement des opérations des conseils de révision, la seconde est un compte rendu statistique, sous forme de tableaux. Les comptes rendus

---

122 Les Archives Nationales.

123 J.-M. SELIG, *op. cit.*, p. 69.

124 P. BOULANGER, *Géographie de la conscription et des conscrits en France de 1914 à 1922, d'après les comptes rendus sur le recrutement de l'armée*, Lille, 1998.

125 P. BOULANGER, *ibidem*, p. 12. Pour 1914-1922, Boulanger utilise un fond de la BDIC de Nanterre (Bibliothèque de Documentation Internationale Contemporaine). Selon lui, les comptes rendus nationaux existent de 1818 à 1922… mais n'ont pas tous été conservés jusqu'à nos jours.

126 «Quelques statistiques sur la taille figurent à partir de 1836» dans les *Comptes présentés en exécution de la loi du 10 mars 1818 sur le recrutement de l'armée, pour…*, d'après B. GILLE, *Les Sources statistiques de l'histoire de France des enquêtes du XVIIIe siècle à 1870*, Paris, 1964, p. 177. Ces comptes sont en partie aux Archives Nationales et à la BNF.

127 P. BOULANGER, *ibidem*, p. 12.

nationaux constituent «une des rares sources officielles rendue publique» dans le domaine militaire[128]. Seuls deux de ces comptes rendus sont ici étudiés, pour les années 1850[129] et 1869[130], c'est-à-dire pour les classes 1849 et 1868.

Ces sources sont d'autant plus précieuses qu'elles épargnent à l'historien un travail fastidieux de compilation des sources départementales dont le traitement national n'est possible que par une équipe de chercheurs.

De plus, elles permettent de combler une lacune entre les travaux de l'équipe d'E. Le Roy Ladurie sur les années 1820 et les travaux de M.-C. Chamla, qui portent sur les années postérieures à 1880.

Les comptes rendus nationaux nous fournissent, département par département, le nombre d'individus examinés, le nombre de réformés pour faiblesse de constitution et pour défaut de taille, ainsi qu'un classement des individus retenus pour le service selon des classes de taille.

Par l'intermédiaire des motifs de réforme, ils donnent aussi des indications très variées sur la santé des Français, d'abord sur le système cutané : fréquence de dartre et couperose, de teigne, de calvitie et d'alopécie, de lèpre et d'éléphantiasis. Ensuite sur «l'appareil de la vue» : perte complète de la vue[131], perte d'un œil ou de son usage, strabisme, myopie. Sur l'appareil de l'ouïe : surdi-mutité[132], surdité. Sur l'appareil de la mastication : perte de dents, «divisions congénitales des lèvres, de la voûte palatine et du voile du palais». Sur les organes de la voix et de la parole : bégaiement et aphonie, sur l'appareil de l'odorat : ozène. Sur la région du cou : goitre et scrofules. Sur les «organes de la poitrine» : phtisie pulmonaire, sur les «organes du bas-ventre» : tumeurs et «engorgements des viscères abdominaux», hernies. Sur les organes génito-urinaires : vice de conformation, varicocèles, hydrocèle et maladies des testicules. Sur les membres : on distingue la perte de l'usage des membres inférieurs ou supérieurs, soit de naissance et par maladie, soit à la suite d'un accident. Viennent ensuite les varices, les «amaigrissements et contractures, suite de sciatique et de douleurs

---

128 P. BOULANGER, *op. cit.*, p. 12.

129 *Compte rendu sur le recrutement de l'armée pendant l'année 1850,* Paris, avril 1852, S.H.A.T., cote 1M 1960 (fond Mémoires et Reconnaissances).

130 *Compte rendu sur le recrutement de l'armée pendant l'année 1869,* Paris, 1871, S.H.A.T., cote 1M 2036 (même fond, supplément Préval).

131 Distinction entre perte par maladie/de naissance et par accident/blessures.

132 Sourds-muets de naissance.

rhumatismales », les pieds plats. Une colonne est réservée à la mutilation de doigts : l'armée fait attention aux Français qui se soustrairaient au service par une mutilation qui empêche de tirer au fusil. Le compte rendu indique également les défauts du système osseux : les pieds bots et « autres incurvations des membres », les déviations de la colonne vertébrale, les gibbosités, ainsi que les défauts du système nerveux et encéphalique : épilepsie, danse de Saint-Guy, crétinisme, paralysie d'un ou de plusieurs membres.

D'autres sources viennent compléter ces deux comptes rendus, d'abord le *Livret général de recrutement. Exercice 1820,* qui semble constituer le premier élément de la longue série de comptes rendus nationaux produits de 1818 à 1922[133]. Ce livret fournit la taille moyenne de la population recrutable par département pour les années « 1819 et antérieures »[134]. Par « antérieures », il faut entendre 1816 à 1818, car le tableau de la page 48 mentionne ces années, et parce que la loi de 1818, supprimant le volontariat de 1815, rétablit la conscription et que l'État bat alors le rappel des classes 1816 à 1818[135]. Les pages 36-37 précisent que les classes de 1816 et 1817 ont été examinées en novembre 1818. Celle de 1818 l'est en juillet 1819 et celle de 1819 en 1820 (juin). Les listes de tirage sont alors beaucoup plus rigoureusement tenues que pendant l'époque impériale[136]. Les chiffres du livret sont vraisemblablement fiables, car ils sont tirés de ces listes. Le délai entre la tenue des derniers conseils de révision (1819) et la rédaction de l'ouvrage (1821) témoigne d'ailleurs du sérieux des calculs intermédiaires.

Enfin, nous disposons d'un tableau récapitulatif des « exemptés » pour défaut de taille, ce que nous désignerions plutôt aujourd'hui par réformés pour défaut de taille[137]. Nous emploierons désormais le terme de réformés, afin de ne pas entretenir de confusion dans l'esprit

---

133 *Livret général de recrutement. Exercice 1820,* manuscrit anonyme relié, mai 1821, S.H.A.T., cote 1M 2036. À noter la grande valeur de ce document pour des recherches sur le monde rural ou artisanal et industriel : tableaux des effectifs de certaines professions, parfois par département, tableau des types dominants de force de traction pour l'agriculture par département, etc.

134 *Livret général de recrutement. Exercice 1820,* p. 50.

135 Pour plus de détails, voir J.-M. SELIG, *op. cit.,* p. 21-23.

136 J.-M. SELIG, *op. cit.,* p. 73. Les mesures de taille se font plus sûrement que sous le premier Empire. *ibidem,* p. 58.

137 Le document original porte en effet « exemptés » et non « réformés ». Dans le vocabulaire actuel, l'exemption est motivée par des raisons sociales (soutien de famille etc), alors que la réforme est motivée par des considérations médicales. Au XIXᵉ siècle, cette distinction n'existe pas. *État indiquant la proportion de cent*

du lecteur. Le tableau des réformés pour défaut de taille nous donne, pour les années 1834 à 1867, à l'échelle nationale, une idée de l'évolution de la taille des Français au milieu du XIXe siècle.

Grâce à ces quatre documents, en tenant compte des travaux historiques antérieurs, nous pouvons reconstituer l'anthropométrie du conscrit français de 1816 à 1868, soit de 1796 à 1848, si l'on considère, à l'instar des recherches les plus récentes, les dates de naissance et non les dates d'examen.

II – CRITIQUE DES SOURCES : LA FRANCE DES MIGRANTS ET DES HANDICAPÉS

Ces documents ont certains défauts. Dans les comptes rendus annuels du recrutement, la mesure se fait dans la division administrative à laquelle est rattaché le domicile légal du conscrit à l'âge de 20 ans, c'est-à-dire le domicile des parents[138]. Cela signifie qu'un jeune homme qui quitte le domicile parental à 18 ans et change alors de canton de résidence sera comptabilisé dans le canton de ses parents, sauf s'il demande à passer devant le conseil de révision de son nouveau canton de résidence. Inversement, si les parents ont migré avec leurs jeunes enfants, ceux-ci seront examinés dans le nouveau canton de résidence de leurs parents. On mesure alors le degré d'incertitude des sources lié à une mobilité certes limitée mais croissante au cours du XIXe siècle[139]. Les individus misérables élevés à la campagne peuvent venir à la ville grossir les effectifs des citadins de petite stature. La taille des migrants est alors le résultat complexe de deux économies et sociétés, rurale puis urbaine.

D'autre part, le nombre de réformés pour défaut de taille est peut-être sous-évalué dans les régions pauvres, si l'on étend le raisonnement de Selig à toute la France. Pour des questions de statistique, il faut que dans les comptes rendus départementaux et nationaux le nombre de

---

des jeunes gens exemptés pour défaut de taille comparativement au nombre des jeunes gens examinés par les conseils de révision pour former le contingent (classes de 1834 à 1867), une feuille volante, S.H.A.T., cote 1 M 2031.

138 Sauf demande expresse, le conscrit est examiné dans son canton d'origine, c'est-à-dire dans le canton de résidence de ses parents, et non dans celui de sa résidence à l'âge de 20 ans. J.-M. SELIG, *op. cit.,* p. 27.

139 À propos de la mobilité de la population au XIXe siècle, voir D. COURGEAU, J. DUPÂQUIER, J.-P. POUSSOU, «Les migrations intérieures», dans *Histoire de la population française...,* op. cit., p. 177-198.

réformés pour défaut de taille plus le nombre de conscrits bons pour le service soit égal au nombre d'examinés[140]. On ne peut donc se faire réformer pour plusieurs raisons. Dans le cas alsacien, les infirmités l'emportent sur le défaut de taille dans le compte rendu départemental, alors que les listes de tirage font apparaître beaucoup plus de petits[141]. Weir soulève le même problème à l'échelle de la France[142]. Les exemptions pour causes physiques autres que le défaut de taille semblent avoir la priorité sur ce défaut lors du passage devant le conseil de révision. Une personne à qui il manque un doigt et qui mesure moins de 157 cm sera réformée pour perte de doigt. Ainsi, selon Weir, le degré d'incertitude lié à la priorité accordée aux autres causes physiques de réforme est à l'origine d'une discontinuité dans l'estimation de la part des réformés pour défaut de taille avant et après 1831[143].

Malgré cette possibilité d'erreur, les sources du xixe siècle présentent un grand intérêt pour l'historien car elles constituent pour chaque année un ensemble de 80 000 à 140 000 mesures de taille[144].

---

140 J.-M. SELIG, *op. cit.*, p. 72.

141 *Ibidem*, p. 71-72.

142 Sur les problèmes méthodologiques concernant les sources françaises, voir D. R. WEIR, « Economic Welfare... », *loc. cit.*, p. 192 à 197.

143 D. R. WEIR, *Ibidem*, p. 194.

144 D'après *l'État indiquant la proportion de cent jeunes gens...*, S.HA.T., cote 1 M 2031.

Chapitre IV

TRAITEMENT STATISTIQUE DES SOURCES

La principale difficulté d'exploitation des comptes rendus nationaux tient à leur relative hétérogénéité. D'une époque à l'autre, toutes les données ne sont pas comparables et il est nécessaire de faire quelques calculs pour obtenir le sésame qui permet de bénéficier d'un champ d'investigation homogène. Celui-ci ne peut être constitué que par le pourcentage de réformés pour défaut de taille, vu les approximations statistiques qu'engendrerait, par exemple, un calcul des tailles moyennes par département. En effet, selon D. R. Weir, M. A. van Meerten semble s'être trompé dans le calcul de la taille médiane des Français pour certaines années du XIXe siècle[145]. La taille minimale légale varie au cours de la période étudiée, ce qui imposerait de recalculer une taille moyenne commune à toutes les dates et qui prendrait en compte les seules mesures au-delà de la taille minimale légale la plus élevée. Ainsi, pour analyser la distribution des effectifs des Français selon leur taille, dont la représentation graphique peut être assimilée à une courbe de Gauss[146], les classes de taille seraient toujours les mêmes sur l'axe des abscisses (soit l'axe qui fournit les tailles, par opposition à l'axe des ordonnées, qui donne les effectifs respectifs pour chaque classe de taille). Mais les bornes des classes intermédiaires de taille reportées sur les comptes rendus varient au cours du temps, les intervalles de

---

145 Voir D. R.WEIR, «Economic Welfare... », *loc. cit.*, p. 192 et 194-195.
146 Hypothèse d'une distribution normale, avec pour écart-type 6,5 cm, comme dans toutes les études actuelles d'histoire anthropométrique (pour une population mâle).

classe ne sont pas les mêmes d'un compte rendu à l'autre[147] et les arrondis sont alors trop importants pour qu'une comparaison diachronique soit possible. Ces variations d'intervalles de classe s'expliquent, selon D. R. Weir, par des problèmes de conversion de l'ancien système au nouveau système métrique, cause d'erreur d'arrondi pour certaines classes de taille[148]. Le calcul de la taille médiane est donc difficile. En revanche, la comparaison des tailles moyennes entre départements à la même date reste possible.

En ce qui concerne les réformés pour défaut de taille, des manipulations sont nécessaires pour obtenir des données comparables d'une date à l'autre, ceci en raison du changement de la taille minimale légale de réforme. La variation de la taille minimale de référence est la clé du traitement statistique des comptes rendus nationaux. À l'origine, en 1818, les jeunes de vingt ans qui passent devant le conseil de révision sont réformés en dessous de 157 cm. Les travaux d'E. Le Roy Ladurie concernent cette époque. Ensuite la taille minimale de réforme est abaissée à 156 cm, de la loi du 21 mars 1832 à la loi du 1er février 1868. Le compte rendu de 1850 ainsi que l'état donnant l'évolution de la proportion de réformés pour défaut de taille de 1834 à 1867 s'inscrivent

---

147 Voir à ce propos les comptes rendus de 1850 et 1869 reproduits en annexe.

148 Voir à ce sujet D. R. WEIR, «Economic Welfare... », *loc. cit.*, p. 195-196. Avant 1867, les comptes rendus sont rédigés en utilisant des classes de taille exprimées en mètres, mais avec trois décimales après la virgule, car ces classes de taille correspondent en fait à des mesures en valeurs entières exprimées en pieds et pouces. Par exemple, si on se reporte au compte rendu de 1850 reproduit en annexe, la colonne 3 du tableau 50 qui porte «de 1 mètre 570 millim. à 1 mètre 597 millim.» correspond en fait, dans l'ancien système, à la taille en unité entière de 58 pouces. Mais on sait par ailleurs que de plus en plus de fonctionnaires mesuraient les conscrits en centimètres. Il faut donc se mettre à la place de ces fonctionnaires qui devaient faire rentrer des chiffres exprimés à l'aide du nouveau système dans un tableau qui se réfère en fait à l'ancien système. Par exemple, les fonctionnaires devaient rentrer dans la colonne 3 précitée les jeunes mesurant en unités métriques entières 157, 158 et 159 cm. Cette hypothèse est confortée par le fait que, dans les années 1860, pour la colonne de 1,652 à 1,678 m, l'effectif est plus réduit qu'attendu, c'est-à-dire que si l'on suit la loi de distribution normale dans le système de mesures anciennes. Cette colonne correspond à la taille, en unité entière, de 61 pouces, ce qui ne correspond qu'à deux tailles en centimètres entiers : 166 et 167 cm. Les fonctionnaires n'y ont en fait rentré que les hommes mesurant entre 166 et 167 cm, ce qui explique le sous effectif. (Ce raisonnement n'est pas valable dans les années 1830.) Après 1867, les comptes rendus sont rédigés avec des classes de taille exprimées en centimètres entiers, ce qui se voit sur le compte rendu de 1869 reproduit en annexe. Les calculs de D. R. WEIR tiennent compte de ces problèmes.

dans ce contexte. Enfin, avec la loi de 1868, la taille minimale est rabaissée à 155 cm. Le compte rendu de 1869 prend ce changement en considération.

Ces changements ont deux conséquences fondamentales dans l'étude des comptes rendus nationaux :
– d'abord sur l'analyse des tailles,
– puis sur l'analyse des pathologies.

1 – Il faut fixer *a posteriori* une taille minimale commune afin de pouvoir comparer de part et d'autre de cette limite les proportions de populations à différentes époques. Les courbes de Gauss de la répartition des effectifs selon la taille seront tronquées à la même limite.

Bien évidemment, la taille minimale commune ne peut être que la taille minimale légale la plus élevée (157 cm), puisque pour celle-ci, il est impossible de reconstituer la répartition des effectifs en aval de la courbe de Gauss, contrairement aux tailles minimales légales inférieures. Il faut donc ajuster les valeurs de 1849 (cohorte de naissance 1829) et 1868 (cohorte de naissance 1848) sur celles de 1819-1826 (cohortes de naissance 1796-1806).

Pour l'année 1849 (1829), l'opération reste simple : la colonne 2 des tableaux 40 et 42 donne le nombre de jeunes gens examinés par les conseils de révision pour chaque département, que l'on note A[149]. La colonne 3 des mêmes tableaux donne le nombre d'exemptés pour défaut de taille, donc mesurant moins de 156 cm, que l'on note B. Pour obtenir le nombre de personnes mesurant moins de 157 cm dans un département donné, il suffit d'additionner chaque ligne de la colonne 3 des tableaux 40 et 42 avec la ligne correspondante de la colonne 2 des tableaux 50 et 52 qui donne le nombre de jeunes gens mesurant de 156 cm à 156,9 cm, noté C[150]. La formule[151] donnant le pourcentage de « réformés pour défaut de taille »[152] en 1849 (1829) est alors :

$$\left(\frac{B+C}{A} \right) \times 100$$

---

149 Pour l'identification des colonnes, se reporter aux comptes rendus reproduits en annexe.

150 Cette colonne correspond en fait aux jeunes gens mesurant moins de 58 pouces en unités entières de l'ancien système de mesure, soit, pour les fonctionnaires qui reportent les tailles qu'ils ont mesurées en mètre, à 156 cm. en unités entières du nouveau système.

151 Cette formule se calque sur celle employée traditionnellement en anthropométrie militaire, malgré les critiques qui lui sont faites depuis le XIXᵉ siècle. La discussion

Pour l'année 1868 (1848), l'opération est plus complexe : la colonne 67 des tableaux 47 et 49 donne bien le nombre de jeunes gens examinés (A)[153] et la colonne 61 des mêmes tableaux le nombre d'exemptés pour défaut de taille, donc mesurant moins de 155 cm. (B). Mais les jeunes mesurant plus de 155 cm sont répartis dans de larges classes de taille : 155 à 157 cm puis 158 à 160 cm pour les deux premières classes (colonnes 2 et 3 des tableaux 64 et 66). Les «oubliés» de 157 à 158 cm doivent être répartis également dans les deux classes en deçà et au-delà de 157,5 cm. La colonne 2 (155 à 157 cm) comprend en fait les individus mesurant entre 155 157,5 cm, noté C. Un premier calcul, ne modifiant pas C, donne le nombre d'individus «mesurant moins de 157 cm» selon la formule utilisée pour 1849 (1829).

Toutefois, on surestime alors légèrement le nombre d'individus très petits puisqu'on leur rattache les conscrits mesurant entre 157 et 157,5 cm. Cette formule donne donc, pour 1868 (1848), une vision pessimiste du niveau de vie des Français. Il s'agit alors de retrancher de C l'effectif ayant de 157 à 157,5 cm. On peut considérer que, pour de si petites variations de taille, la répartition des effectifs est homogène de 5 mm en 5 mm. Il ne faut alors que les 4/5 de l'effectif de C pour obtenir C', soit le nombre probable d'individus mesurant réellement entre 155 et 157 cm. Ainsi, on surestime encore mais de manière très atténuée le nombre d'individus de taille inférieure à 157 cm. La formule que nous retenons est finalement :

$$\left[\frac{B + \dfrac{4C}{5}}{A}\right] \times 100$$

La marge d'erreur probable, notée D, est alors :

$$D = C - C' = \frac{C}{5}$$

Ce qui, en valeur relative, donne :

$$\left(\frac{C - C'}{A}\right) \times 100 = \frac{C}{5A} \times 100$$

---

porte sur le dénominateur, qui devrait plutôt être le nombre de mesurés que le nombre d'examinés. Voir J.-P. ARON, *op. cit.*, p. 229-230.

152   Selon la taille minimum légale en vigueur de 1818 à 1832.

153   «Jeunes gens sur lesquels le conseil de révision a statué pour former le contingent».

Par souci de clarté, nous désignons désormais la population mesurant moins de 157 cm comme celle des «petits», puisque les sources contemporaines de 1849 et de 1868 ne retiennent pas cette taille comme limite de réforme.

2 – Une analyse de l'évolution des pathologies n'est pas possible, car la limite retenue pour le défaut de taille a des conséquences sur la proportion de réformés pour d'autres pathologies. En effet, on peut supposer que l'abaissement de la taille minimale légale amène à réformer plus de personnes pauvres, plus de personnes malades. Considérer une année où la taille minimale est basse conduit par conséquent à donner une image pessimiste de l'état sanitaire de la France.

On déduit aisément des calculs précédents l'évolution départementale de la part des petits (moins de 157 cm) au cours du XIXe siècle. Les chiffres pour les années de naissance 1799-1806 sont fournis par les travaux d'E. Leroy Ladurie et de son équipe concernant notamment les examinés et les réformés pour défaut de taille de 1819-1826[154]. Les chiffres pour 1829 et 1848 sont tirés des comptes rendus de 1849 et 1868.

Les calculs présentés ci-dessus permettent de créer des cartes qui représentent l'évolution anthropométrique en France de la population masculine des classes nées de 1796 à 1848. Ces cartes fournissent des indications sur le niveau de vie biologique des Français au XIXe siècle.

---

154 *Anthropologie du conscrit français…, op. cit.*, p. 48, 50, 61, 63.

Troisième Partie

UNE VISION PLUS PRÉCISE
DE L'ÉVOLUTION DES NIVEAUX DE VIE
BIOLOGIQUES EN FRANCE

CHAPITRE V

ANALYSE CHRONOLOGIQUE,
LA FIN DU BLÉ « MAL NÉCESSAIRE »[155]

I – DÉTERMINATION DES FACTEURS QUI INFLUENCENT LES DONNÉES ANTHROPOMÉTRIQUES

Pour tenter de montrer l'influence des apports alimentaires sur la santé des plus pauvres, on choisit d'étudier le rapport qui pourrait exister entre le prix du froment et la proportion de réformés pour défaut de taille en France des classes nées en 1814-1847[156]. On calcule une moyenne mobile du prix nominal du froment pour plusieurs périodes

---

155 Sur l'importance économique et sociale du blé dans la société française du XVIIIe-début XIXe siècle, voir J. MULLIEZ, « Du blé, mal nécessaire. Réflexion sur le progrès de l'agriculture (1750-1850) », dans *Revue d'histoire moderne et contemporaine*, 26, 1979, p. 3-47. Traditionnellement, les paysans et surtout les physiocrates estiment que le bétail est un mal nécessaire, qu'il faut développer le moins possible l'élevage et qu'il faut au contraire réserver le maximum de terres à la céréale la plus noble, le blé. Par la suite, certains historiens ont trop axé leur réflexion sur la culture du blé, négligeant les autres aspects de la production agricole : élevage, plantes fourragères, pomme de terre… J. Mulliez propose un renversement des valeurs traditionnelles, faisant du blé le mal nécessaire. En effet, on admet actuellement que le progrès agricole est davantage venu des cultures nouvelles (pomme de terre, maïs) et de la conversion des terres de culture et de jachère en prairies que des progrès dans la culture même du blé, qui joue pourtant un rôle physiologique, social et psychologique de premier ordre dans la société d'Ancien Régime. Notre but est bien de montrer que la société française reste dépendante de ce mal jusqu'au XIXe siècle.

156 Les chiffres des réformés pour défaut de taille sont donnés par l'*État indiquant la proportion de cent des jeunes gens exemptés pour défaut de taille comparativement au nombre des jeunes gens examinés par les conseils de révision pour former le contingent (classes de 1834 à 1867).*

de la vie[157]. Ces périodes sont choisies en fonction de la forte influence du milieu extérieur susceptible de s'exercer alors sur la santé des jeunes Français. Pour la limite chronologique inférieure, Tanner insiste sur la période de six mois à trois ans[158], alors que Steckel suggère de prendre en considération les conditions de croissance dès l'état fœtal[159]. Pour la limite supérieure, les études anglo-saxonnes sont plus imprécises, mais indiquent néanmoins que la croissance de rattrapage a lieu dans l'adolescence tardive, vers 15-20, voire 15-25 ans[160]. Compte tenu de ces observations, on choisit de commencer l'étude des prix du froment un an avant la naissance de la classe étudiée afin de prendre en compte la santé prénatale de la mère et du fils. La limite supérieure est logiquement donnée par l'année de passage devant le conseil de révision, soit l'âge de vingt ans. Ainsi, le tableau I donne les résultats de ces analyses par périodes de la vie: petite enfance, enfance, adolescence, et enfin petite enfance et adolescence[161]. Une analyse graphique rapide permet de voir une rupture pour l'année d'examen 1854, soit pour la classe née en 1834. Nous calculons donc les coefficients de détermination pour toutes les classes (nées de 1814 à 1847), et pour les classes nées jusqu'en 1834.

On voit que les coefficients sont assez forts ($R^2 > 0,35$)[162] pour les périodes de la petite enfance comprises entre l'année de naissance et quatre ans. Les coefficients sont en revanche très faibles pour la période de l'adolescence. Cependant, la combinaison de ces deux périodes de la vie donne des coefficients beaucoup plus forts, avec $R^2 > 0,5$[163]. Ces résultats sont la traduction statistique du phénomène de croissance de rattrapage. La croissance de l'adolescence apparaît bien ici comme un facteur secondaire par rapport à la croissance de la petite enfance.

---

157 Prix annuels donnés par F.-G. DREYFUS, E. LABROUSSE, R. ROMANO, *Le Prix du froment en France au temps de la monnaie stable (1726-1913)*, Paris, 1970, p. 10.

158 J. M. TANNER, « Introduction... », *loc. cit.*, p 2-3.

159 R. H. STECKEL, « Heights and Health... », *loc. cit.*, p. 162.

160 J. M. TANNER, « Introduction... », *loc. cit.*, p. 3.

161 La corrélation pour les prix à l'âge de 10 ans est donnée à titre indicatif, en référence à l'étude de J.-M. Selig portant sur les réformés pour faiblesse de constitution. Le faible coefficient de détermination obtenu avec cette hypothèse montre que les mécanismes biologiques ne sont pas les mêmes selon qu'on étudie la taille ou le rapport poids-taille.

162 Cela signifie que plus de 35 % des variations de la variable « petits » sont expliqués par la variable « prix du froment ».

163 C'est le cas des périodes comprises entre 0-3 et 18-20 ans.

Mais la croissance de rattrapage apporte un complément d'explication significatif lorsqu'elle est combinée avec le facteur explicatif principal, c'est-à-dire avec la croissance de la petite enfance.

Ainsi, la meilleure corrélation est obtenue pour les périodes couvrant de la naissance à 3 ans et de 19 à 20 ans[164]. Pour montrer que ce résultat n'est pas le fruit du hasard, on calcule, pour la même période, le coefficient de détermination entre la taille médiane des conscrits, fournie par D. R. Weir, et la moyenne mobile des prix nominaux du froment aux âges retenus. Le coefficient est encore plus significatif ($R^2 = 0{,}57$). Ainsi, le prix du froment calculé à certaines périodes de la vie particulièrement sensibles aux facteurs sociaux influence aussi bien la part des petits que la taille médiane des conscrits. De plus, quand la taille augmente, la part des petits diminue. La corrélation linéaire entre la variable « réformés pour défaut de taille » et la variable « taille médiane » est négative et très significative, avec $R^2 = 0{,}91$ pour la période 1814-1847[165]. Il est donc logique de supposer que, pour cette période, ces deux données anthropométriques réagissent simultanément, mais dans des sens opposés, à des facteurs sociaux (ou naturels). Cet apport à la connaissance chronologique de l'histoire anthropométrique mérite d'être discuté plus longuement.

II – UNE FORTE CORRÉLATION ENTRE PRIX DU BLÉ ET PETITE STATURE : LA DURE LOI DU MARCHÉ

Le graphique II représente l'évolution de la part des réformés pour défaut de taille (moins de 156 cm), pour les classes nées en 1814-1847. On constate globalement une diminution de la part des très petits dans la population examinée. De plus de 8 % pour la classe née en 1814, on passe à 4% pour celle née en 1847, soit, sur le graphique, de l'indice 100 à l'indice 50.

---

164 Par exemple, pour les Français nés en 1814, on fait la moyenne des prix du blé de 1814 à 1817 et de 1833 à 1834.

165 Résultat logique puisque la distribution des effectifs selon la taille est normale, avec un écart-type quasiment constant : la taille moyenne est une fonction de la proportion de réformés pour défaut de taille. Voir J. BATEN, *op. cit.*, p. 119. Cependant, si la distribution normale est un phénomène naturel, elle peut être déformée par des causes sociales affectant une ou plusieurs catégories de la population. (D'où une corrélation où R^2 n'est pas égal à 1.)

Cette évolution est déjà connue. Au contraire, la courbe des prix du blé mise en parallèle constitue une nouveauté[166]. Pour parvenir à des courbes parallèles, il faut prendre en compte le prix du blé sur plusieurs années, pour une seule année de soldats examinés, conformément aux hypothèses précédemment avancées. Il n'est pas étonnant que la santé des enfants dépende des prix du blé dès l'année de naissance, c'est-à-dire dès l'état fœtal. Les historiens anglo-saxons reconnaissent l'influence de la santé de la mère sur la taille finale de son enfant[167]. De plus, la mère n'est pas la seule à consommer du blé. Très tôt, la nourriture des enfants comprend une forte proportion de céréales. Rollet cite un médecin normand, le docteur Lemonnier : « Souvent, dès le premier mois, la nourrice donne à l'enfant de la bouillie de blé, et même de la grosse soupe, pour remplacer le lait qui lui coûte cher »[168].

L'importance du prix du blé sur la santé s'explique aussi par la loi d'Engel. La part des achats de grains est prépondérante dans le budget des nombreuses familles de travailleurs qui ne produisent pas de bleds pour leur consommation propre : familles de travailleurs citadins, de manouvriers, d'artisans ruraux. Selon M. Demonet, en 1852, pour une famille de travailleurs agricoles de cinq personnes[169], le

---

166 Sur la période considérée, les prix du blé sont bien davantage un indice économique et humain, renvoyant à la loi du marché, qu'un indice climatique, renvoyant à la loi de la nature, et qui serait expliqué par des changements de température : la phase 1817-1844 fait partie « des périodes qui échappent presque totalement aux effets du climat » (C. PFISTER, « Fluctuations climatiques et prix céréaliers en Europe du XVIe au XXe siècle », dans *AESC,* 43, 1988, p. 44). La corrélation entre la moyenne mobile des dates de vendange entre 0-3 et 19-20 ans, d'une part, et la proportion de réformés pour défaut de taille, d'autre part, donne $R^2 = 0,22$ sur la période 1814-1834. (dates de vendange dans E. LE ROY LADURIE, *Histoire du climat depuis l'an mil,* Paris, 1983, p. 199.) De récents travaux explorent pour d'autres pays la relation entre prix du blé et taille humaine : U. WOITEK, « Heights Cycles in the XVIIIth and XIXth Centuries », *Discussion paper in Economics N°. 9811,* Université de Glasgow, 1998.

167 Voir R. H. STECKEL, « Heights and Health... », *loc. cit.*, p. 162.

168 Vers 1866-1867. C. ROLLET, « Allaitement, mise en nourrice et mortalité infantile en France à la fin du XIXe siècle », dans *Population,* 33, 1978, p. 1196. Rollet insiste sur le lien entre nutrition et mortalité infantile. La mise en nourrice est très courante dans la France du Nord à la fin du XIXe siècle. Elle influence donc directement la santé d'une part des Français. L'influence du mode d'allaitement sur la taille est évoquée par J. BATEN, *op. cit.*, p. 129.

169 M. DEMONET, *Tableau de l'agriculture française au milieu du 19e siècle : l'enquête agricole de 1852,* Paris, 1990, p. 118. Il est vrai que 86,6 % du blé sont consommés dans l'arrondissement de récolte, mais le nombre de personnes dépendantes du marché est néanmoins élevé. Ainsi, 70 % de la production nette seraient commercialisés.

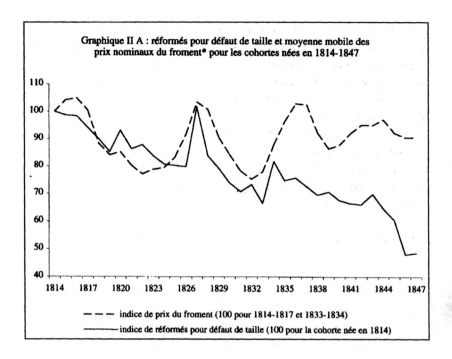

Graphique II A : réformés pour défaut de taille et moyenne mobile des prix nominaux du froment* pour les cohortes nées en 1814-1847

— — — indice de prix du froment (100 pour 1814-1817 et 1833-1834)

————— indice de réformés pour défaut de taille (100 pour la cohorte née en 1814)

* Moyenne mobile des prix annuels nominaux entre 0-3 ans et 19-20 ans d'après F.-G. DREYFUS, E. LABROUSSE, R. ROMANO, *Le Prix du froment en France au temps de la monnaie stable, (1726-1913)*, Paris, 1970, p. 10.

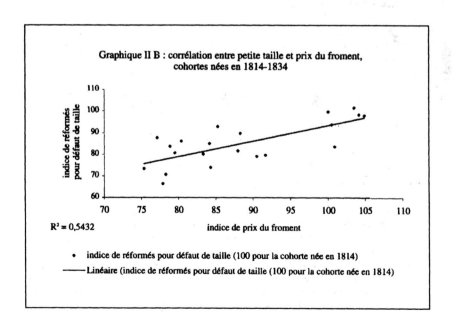

Graphique II B : corrélation entre petite taille et prix du froment, cohortes nées en 1814-1834

R² = 0,5432

• indice de réformés pour défaut de taille (100 pour la cohorte née en 1814)

————— Linéaire (indice de réformés pour défaut de taille (100 pour la cohorte née en 1814)

TABLEAU I

Corrélations entre moyenne mobile des prix nominaux
annuels du froment à différents moments de la vie
et part annuelle des réformés pour défaut de taille,
classes nées de 1814 à 1847

Périodes de la vie où le prix moyen du froment est calculé	Coefficient de détermination entre prix du froment et part de petits (classes nées de 1814 à 1847)	Même coefficient pour les classes nées en 1814-1834
A. Petite enfance		
de -1 à 1 an	0	0,09
de -1 à 2 ans	0,02	0,2
de -1 à 3 ans	0,05	0,3
de 0 à 1 an	0	0,15
de 0 à 2 ans	0,03	0,28
de 0 à 3 ans	0,06	0,37
de 0 à 4 ans	0,06	0,36
de 1 à 2 ans	0,06	0,33
de 1 à 3 ans	0,1	0,38
de 1 à 4 ans	0,11	0,37
de 2 à 3 ans	0,11	0,32
de 2 à 4 ans	0,11	0,29
B. Enfance		
10 ans	0,18	0,05
C. Adolescence		
de 15 à 20 ans	0,08	0,03
de 17 à 19 ans	0,01	0,03
de 17 à 20 ans	0,01	0,04
de 18 à 19 ans	0	0,03
de 18 à 20 ans	0	0,04
19 ans	0	0,03
19 à 20 ans	0	0,03

D. Petite enfance et adolescence		
20 ans	0,01	0,01
0-3 ans et 19-20 ans	0,05	**0,54**
0-3 ans et 20 ans	0,06	0,48
0-3 ans et 18-20 ans	0,03	0,53
0-4 ans et 17-20 ans	0,02	0,45
0-4 ans et 18-19 ans	0,05	0,43
0-4 ans et 18-20 ans	0,04	0,5
0-4 ans et 19 ans	0,07	0,44
1-3 ans et 17-20 ans	0,01	0,4
1-3 ans et 18-19 ans	0,05	0,41
1-3 ans et 18-20 ans	0,03	0,47
1-3 ans et 19 ans	0,08	0,46
1-3 ans et 19-20 ans	0,06	0,52
1-3 ans et 20 ans	0,08	0,49
1-4 ans et 18-20 ans	0,04	0,42
1-4 ans et 19-20 ans	0,06	0,45

TABLEAU II

Influence des prix nominaux du froment* (X)
sur la proportion de petits (Y) (moins de 156 cm)
en France pour les classes nées entre 1814 et 1834

Coefficient de détermination $R^2 = 0,543$ F = 22,596

Y= 3,276 X + 20,726

   (0,689)   (13,653)

t = 4,753

probabilité de l'hypothèse nulle = 0,014 %

* Prix nominaux du blé d'après F.-G. DREYRFUS, E. LABROUSSE, R. ROMANO, *op. cit.*, p. 10.

pain représente 65 % des achats alimentaires et absorbe 43 % des dépenses. Le premier poste budgétaire est donc, de loin, celui du pain. De plus, d'après les calculs de G. Postel-Vinay et J.-M. Robin, plus le prix d'une denrée est bas, plus sa part dans le budget familial est grande[170]. La corrélation entre prix du blé et données anthropométriques confirme cette hypothèse. Pourtant, lorsque les revenus des manouvriers augmentent, les dépenses supplémentaires ne sont pas immédiatement dévolues au pain, elles peuvent être orientées vers une consommation accrue de viande[171]. Cela ne traduit pas nécessairement une augmentation de la consommation totale de protéines puisque l'achat d'un gramme d'aliment carné ou de laitage est plus onéreux que l'achat d'un gramme de céréales, qui comporte aussi des protéines. Le marché n'est donc pas seul à jouer sur la santé des Français : le comportement des consommateurs face au marché est également un facteur important.

La synchronie entre les deux courbes du graphique II A est forte jusqu'en 1834 (jeunes gens examinés en 1854). Pour la période 1814-1834, la corrélation entre la moyenne mobile des prix nominaux du blé et part nationale des petits est très significative, avec $R^2 = 0,54$[172]. À titre de comparaison, Baten obtient, à l'échelle départementale, une corrélation entre production de lait par habitant, corrigée de la variation des salaires réels, et proportion de grands individus où $R^2 = 0,38$[173]. Ainsi, dans le cas de la France, les cohortes nées en 1825, 1832 et 1834 connaissent une dégradation du niveau de vie biologique, alors que le prix du blé est à la hausse. En revanche, les deux courbes sont à la baisse de 1815 à 1819 et en 1823-1824[174].

La relation paraît moins significative pour les cohortes nées après 1834, avec $R^2 = 0,21$. Cependant, les prix du blé influencent la santé des plus petits, des plus pauvres, au moins jusqu'en 1834. La part du budget familial qui revient à l'achat de blé varie selon les prix du marché

---

170 G. POSTEL-VINAY, J.-M. ROBIN, « Eating, Working and Saving in an Unstable World : Consumers in Nineteenth-Century France », dans *Economic History Review*, 45, 1992, p. 503.

171 G. POSTEL-VINAY, J.-M. ROBIN, *loc. cit.*, p. 505.

172 54 % des variations de la variable « petits » sont expliqués par la variable « prix du froment ».

173 La corrélation de Baten est établie sur une population de 83 départements, en ce sens le coefficient de détermination obtenu est très satisfaisant. J. BATEN, *loc. cit.*, p. 105.

174 Voir le tableau des résidus reproduit en annexe.

TABLEAU III

Influence des prix nominaux du froment*
sur la taille médiane**
des conscrits français nés entre 1814 et 1834

Coefficient de détermination $R^2 = 0,574$ $F = 25,621$

$Y = -0,044\ X + 5,278$

  (0,009)   (0,172)

$t = -5,061$

probabilité de l'hypothèse nulle = 0,007 %

* Prix nominaux du blé d'après F-.G. DREYRFUS, E. LABROUSSE, R. ROMANO, *op. cit.*, p. 10.
** Taille médiane d'après D.R. WEIR, « Economic Welfare... », *loc. cit.*, p. 191.

et se répercute sur la taille, sur la santé des plus pauvres[175]. Le partage des apports entre membres de la famille peut aussi être en cause, comme le suggère Weir : à blé cher, blé rare, et à blé rare, enfants sacrifiés au profit du père[176]. Il n'est pas surprenant que l'apport en blé influence la taille alors qu'en 1850, plus de 70 % des protéines absorbées par les Français proviennent des pains et farineux[177]. Encore s'agit-il d'une moyenne nationale, mais que dire des plus pauvres, chez qui l'apport en viande doit être très inférieur à la moyenne ?

Le graphique III représente, pour la période 1814-1847, les variations de la taille médiane des conscrits et la moyenne mobile des prix nominaux du froment aux mêmes âges que pour le graphique II. L'analyse de régression linéaire pour la période 1814-1834 confirme la corrélation négative existant entre la taille et le prix du blé. Sur le gra-

---

175 Sur la loi d'Engel en France au XIXᵉ siècle et sur l'attitude des consommateurs face au marché, voir G. POSTEL-VINAY, J.-M. ROBIN, *loc. cit.*, p 494-513.

176 D. R. WEIR, « Parental Consumption Decisions... », *loc. cit.*, p. 271.

177 J.-C. TOUTAIN, *loc. cit.*, p. 2001.

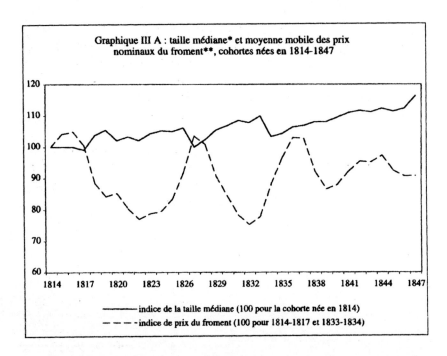

Graphique III A : taille médiane* et moyenne mobile des prix nominaux du froment**, cohortes nées en 1814-1847

——— indice de la taille médiane (100 pour la cohorte née en 1814)
– – – indice de prix du froment (100 pour 1814-1817 et 1833-1834)

*Taille médiane (cm > 160) d'après D. R. WEIR, « Economic Welfare... », *loc. cit.*, p. 191.
**Moyenne mobile des prix annuels nominaux du froment entre 0-3 ans et 19-20 ans d'après F.-G. DREYFUS, E. LABROUSSE, R. ROMANO, *op. cit.*, p. 10.

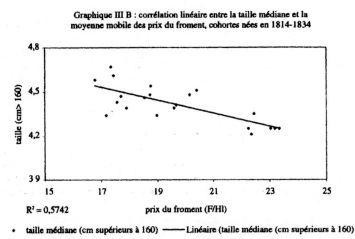

Graphique III B : corrélation linéaire entre la taille médiane et la moyenne mobile des prix du froment, cohortes nées en 1814-1834

$R^2 = 0,5742$ prix du froment (F/Hl)

•   taille médiane (cm supérieurs à 160) ——— Linéaire (taille médiane (cm supérieurs à 160)

phique III, les périodes de cherté du froment correspondent en effet à une légère baisse de la taille médiane. C'est particulièrement le cas pour les classes nées en 1814-1816, 1823-1825, 1827 et 1834[178]. Au contraire, une baisse des prix correspond à de faibles gains de taille, comme pour les classes nées en 1819, 1828 et 1832[179].

Après la classe née en 1834, la corrélation n'existe plus, ou n'est plus assez significative : on trouve $R^2 = 0,15$. Les prix du froment ne joueraient plus de rôle déterminant sur la taille médiane après les années 1834-1854. C'est bien un seuil de niveau de vie qui est alors franchi par les Français. De fait, la crise agricole de 1855 est la dernière à affecter les courbes de conceptions et de décès.

III – FIN D'UNE ÉCONOMIE DE PÉNURIE PERMANENTE...

L'absence de corrélation entre prix et taille après la cohorte de naissance de 1834 s'explique par l'évolution du marché. Le pays s'enrichit, ou plutôt échappe à la menace malthusienne. Le prix du blé n'est plus un souci permanent pour les Français, puisque la baisse des prix permet, à partir des cohortes examinées en 1854, d'acheter une quantité à peu près constante de nutriments. J.-C. Toutain note d'ailleurs que les changements dans la ration de protéines avant 1890 proviennent d'une augmentation de la consommation des farineux[180].

Ces hypothèses sont renforcées par l'absence de corrélation que constate Selig entre faiblesse de constitution et prix du blé après 1847 pour l'arrondissement de Colmar[181]. L'analogie se renforce si l'on tient compte que Selig décale de 10 ans la courbe des prix. Dans l'étude de Selig, le tournant se situerait donc plutôt vers la cohorte de naissance de 1837. Le prix du blé perd donc de son influence sur les réformés pour faiblesse de constitution vers 1837 dans le Haut-Rhin et vers 1834 pour toute la France en ce qui concerne la taille médiane. Ainsi, les prix

---

178 Voir le tableau des résidus reproduit en annexe.

179 Une analyse de corrélation pour les classes nées entre 1797 et 1813 ne donne pas de résultat significatif. Cette observation n'est pas surprenante si l'on considère que ces années de guerre perturbent gravement les mécanismes économiques et biologiques. Bien d'autres facteurs sont alors en jeu pour expliquer les variations de taille.

180 J.-C. TOUTAIN, loc. cit., p. 2001.

181 Voir J.-M. SELIG, op. cit., p. 59.

du marché ont une influence sur la santé des Français, jusqu'à la génération qui a 20 ans au milieu des années 1850. Ensuite, les prix relatifs du blé évoluent favorablement, même pour les plus pauvres, puisqu'ils diminuent jusqu'à la fin du siècle[182].

Ainsi, pour Baten, la répartition géographique des grands (plus de 167 cm) est fonction de la production de lait par habitant durant les années 1840-1874[183]. Mais l'évolution de la proportion des petits (moins de 156 cm) et de la taille médiane est influencée par les prix du blé de 1814 à 1834. Elle l'est même après 1834-1854, par la baisse relative des prix des céréales par rapport aux produits animaux. Chaque groupe social s'alimente selon ses moyens, selon la structure des prix des sources de protéines. La santé des Français dépend donc des apports en protéines.

Cela ne signifie pas que les dépenses d'énergie ne jouent aucun rôle sur la santé. Le docteur Lemonnier indique que le biberon qu'utilise la nourrice de 1866-1867 « est rempli soit de lait de chèvre, ordinairement très mal nourrie, soit, et c'est ce qui arrive plus ordinairement, de lait de vache coupé avec une mauvaise eau puisée dans la mare voisine, et il est maintenu sur des cendres chaudes jusqu'à ce qu'il ait été vidé »[184]. La dilution du lait dans de l'eau sale est vecteur de transmission de maladies digestives, dont on connaît les conséquences catastrophiques sur la santé et la croissance de l'enfant[185]. Jusqu'au milieu du xixe siècle, on peut donc supposer que les dépenses d'énergie jouent un rôle sur la santé des Français, mais que ce facteur varie peu dans le temps. La médecine n'a pas encore découvert et diffusé la théorie des germes[186]. Les dépenses (les maladies et leur prévention) ne doivent jouer un rôle dynamique sur la santé qu'à la fin du xixe siècle, lorsque se développent les connaissances médicales.

---

182 En France, « jusqu'à la fin du xixe siècle, le prix relatif de la calorie d'origine animale et de la calorie de fruits et légumes augmente, celui de la calorie végétale diminue » (J. MARCZEWSKI, *loc. cit.*, p. 1907-1908.)

183 J. BATEN, *loc. cit.*, p. 105.

184 C. ROLLET, « Allaitement, mise en nourrice et mortalité infantile en France à la fin du xixe siècle », dans *Population*, 33, 1978, p. 1195.

185 « La maladie provoqu[e] souvent des pertes de poids et des retards de croissance plus sévères que ceux qui peuvent être imputés à un régime alimentaire insuffisant », P-G. LUNN, *loc. cit.*, p. 111. Les conséquences de maladies répétées peuvent être une perte non rattrapable de taille. Mais ici, le maintien du biberon sur les cendres stérilise peut-être le lait coupé d'eau.

186 Voir à ce sujet R. H. STECKEL, R. FLOUD, « Conclusions », *loc. cit.*, p. 436.

L'analyse de la courbe de la taille médiane confirme donc la chronologie établie par Toutain pour la moyenne française : une première étape est franchie dans l'histoire alimentaire des Français entre 1840 et 1880. Vers 1830-1840, le seuil de 2 000 calories par jour est atteint. L'accroissement est ensuite rapide de 1840 à 1880, date à laquelle la ration atteint un palier quantitatif de 3 000 calories[187]. À cette histoire alimentaire, on peut mettre en parallèle l'histoire anthropométrique. Il y a bien un lien entre marché et santé au XIXe siècle. Le seuil de consommation des années 1830-1840 est aussi un seuil marquant la fin de l'influence des prix du blé sur la taille médiane (entre 1834 et 1854). La période qui suit, période de croissance quantitative de la ration alimentaire moyenne, correspond à la fin de l'influence des prix du froment sur la santé. La France se dégage donc du piège malthusien avant les traités de libre échange des années 1860. La révolution agricole permet une (r)évolution anthropométrique.

IV – ...MAIS UN CERTAIN RETARD DES PLUS PAUVRES

La fin de la relation entre données anthropométriques et prix nominaux du blé après le début des années 1830 est peut-être trompeuse. Même si, après 1834-1854, les prix augmentent beaucoup par rapport à la proportion de réformés pour défaut de taille qui, elle, baisse, il ne faut pas oublier que les salaires agricoles augmentent eux aussi après 1830[188].

Ainsi, comme les salaires nominaux augmentent davantage que le coût de la vie, surtout après les années 1850, on peut supposer que l'augmentation de la taille médiane et la diminution de la part de petits s'expliquent par une baisse des prix réels tels que les définit J. Fourastié, c'est-à-dire exprimés en heures de travail non qualifié.

---

187 J.-C. TOUTAIN, *loc. cit.*, p. 1979.

188 Les salaires agricoles augmentent de 35 % de 1821 à 1851 (G. DÉSERT, R. SPECKLIN, « Victoire sur la disette », dans *Histoire de la France rurale 3 Apogée et crise de la civilisation paysanne de 1789 à 1914*, M. AGULHON, G. DÉSERT, R. SPECKLIN, Paris, 1976, p. 103.) Les salaires nominaux augmentent plus que le coût de la vie de 1852 à 1881 : les salaires réels augmentent de 23 à 35 % selon les estimations (*Ibidem*, p. 209.). F CARON fournit les estimations suivantes pour l'augmentation des salaires réels : + 5 % (1830-1840), + 3,5 % (1840-1850), + 6,7 % (1850-1860), + 9,5 % (1860-1870), + 10,7 % (1870-1880), dans *Histoire économique de la France XIXe-XXe siècle*, Paris, 1995², p. 90.

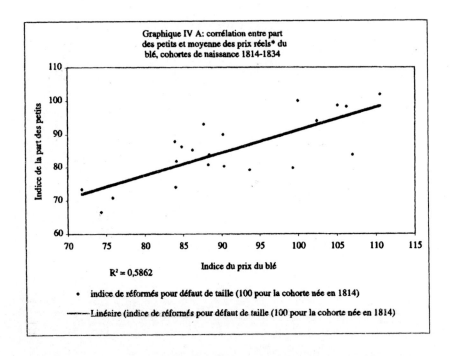

Graphique IV A: corrélation entre part des petits et moyenne des prix réels* du blé, cohortes de naissance 1814-1834

R² = 0,5862

• indice de réformés pour défaut de taille (100 pour la cohorte née en 1814)

—— Linéaire (indice de réformés pour défaut de taille (100 pour la cohorte née en 1814)

* Prix réels du blé dans J. FOURASTIÉ, *L'Évolution des prix à long terme,* Paris, 1969, p. 123. / * Taille médiane (cm > 160) dans D. R. Weir, *loc. cit.*, p. 191.

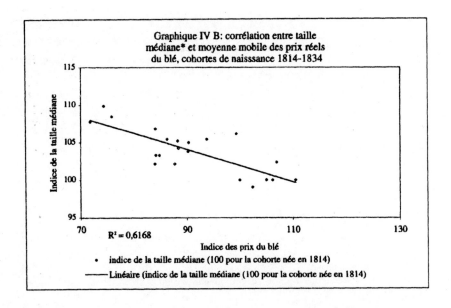

Graphique IV B: corrélation entre taille médiane* et moyenne mobile des prix réels du blé, cohortes de naisssance 1814-1834

R² = 0,6168

• indice de la taille médiane (100 pour la cohorte née en 1814)

—— Linéaire (indice de la taille médiane (100 pour la cohorte née en 1814)

TABLEAU IV

Influence des prix réels* du blé (X)
sur la taille médiane** (Y) des conscrits français
pour les cohortes de naissance 1814-1834

Coefficient de détermination $R^2 = 0,6168$ F = 30,58

$Y = -0,216 X + 123,490$

    (0,689)   (13,653)

$t = -5,530$

probabilité de l'hypothèse nulle = 0,002 %

* Prix réels et annuels du quintal de blé exprimés en salaire horaire dans J. FOURASTIÉ, *op. cit.*, p. 123.
** Taille médiane d'après D.R. WEIR, « Economic Welfare... », *loc. cit.*, p. 191.

Des corrélations entre les données anthropométriques déjà étudiées et la moyenne mobile des prix réels du blé aux périodes de la vie déjà expérimentées avec les prix nominaux ont donc été tentées[189].

La corrélation entre la taille médiane et la moyenne mobile des prix réels du blé entre 0-3 ans et 19-20 ans est améliorée par rapport à la même corrélation avec les prix nominaux : pour la période 1814-1834, on passe de $R^2 = 0,57$ à $R^2 = 0,62$.

Il en est de même pour la corrélation avec la proportion de petits sur la même période[190] : on passe de $R^2 = 0,54$ à $R^2 = 0,59$. La relation est particulièrement bonne de 1815 à 1819, de 1823 à 1825 et en 1831-1832[191]. On voit ainsi qu'avant la poussée des salaires du second Empire, la prise en compte des salaires réels permet d'affiner nos premiers résultats. La dépendance au prix du blé est donc encore plus grande qu'avec le premier mode de calcul.

---

189 Prix réels donnés par J. FOURASTIÉ, *L'Évolution des prix à long terme*, Paris, 1969, p. 123. Fourastié exprime le prix d'un quintal de blé en salaire horaire d'un ouvrier de base.

190 Voir graphique V.

191 Voir le tableau des résidus reproduit en annexe.

TABLEAU V

Influence des prix réels* du blé(X)
sur la proportion de petits (Y)
en France pour les cohortes de naissance 1814-1834

Coefficient de détermination $R^2 = 0,586$ $F = 26,914$

$Y = 0,684 \; X + 22,834$

$\quad$ (0,132)   (12,113)

$t = 5,188$

probabilité de l'hypothèse nulle = 0,005 %

* Prix réels et annuels du quintal de blé exprimés en salaire horaire dans J. FOURASTIÉ, *op. cit.*, p. 123.

TABLEAU VI

Influence des prix réels du blé* (X)
sur la proportion de petits (Y)
en France pour les cohortes nées de 1835 à 1847.

Coefficient de détermination $R^2 = 0,367$ $F = 6,384$

$Y = 1,183 \; X - 40,462$

$\quad$ (0,468)   (42,125)

$t = 2,527$

probabilité de l'hypothèse nulle = 2,814 %

* Prix réels et annuels du quintal de blé exprimés en salaire horaire dans J. FOURASTIÉ, *op. cit.*, p. 123.

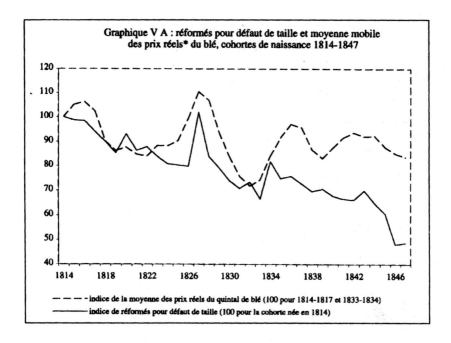

Graphique V A : réformés pour défaut de taille et moyenne mobile des prix réels* du blé, cohortes de naissance 1814-1847

— — — indice de la moyenne des prix réels du quintal de blé (100 pour 1814-1817 et 1833-1834)
———— indice de réformés pour défaut de taille (100 pour la cohorte née en 1814)

* Moyenne des prix réels annuels du blé entre 0-3 ans et 19-20 ans calculée d'après J. FOURASTIE, *op. cit.*, p. 123.

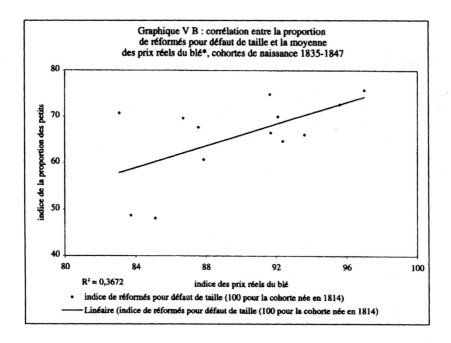

Graphique V B : corrélation entre la proportion de réformés pour défaut de taille et la moyenne des prix réels du blé*, cohortes de naissance 1835-1847

R² = 0,3672

• indice de réformés pour défaut de taille (100 pour la cohorte née en 1814)
———— Linéaire (indice de réformés pour défaut de taille (100 pour la cohorte née en 1814)

Après la cohorte de naissance de 1835, la corrélation n'est que faiblement améliorée pour la taille médiane. Pour la période 1835-1847, on passe de $R^2 = 0,15$ à $R^2 = 0,17$. Ce résultat confirme notre première analyse : la moyenne des Français s'affranchit des prix du blé pour ceux qui naissent après le milieu des années 1830.

En revanche, pour les cohortes de naissance 1835-1847, la corrélation entre proportion de petits et prix du blé passe de $R^2 = 0,21$ avec les prix nominaux à $R^2 = 0,37$ avec les prix réels. On a donc bien persistance d'une dépendance de la santé des petits aux prix du blé jusqu'à la fin du second Empire. En comparaison du graphique II A, le graphique V A représente une courbe des prix des céréales beaucoup plus favorable aux petits après le milieu des années 1830. La relation entre prix réel du blé et proportion de petits est particulièrement bonne pour les cohortes nées en 1836-1837 et 1840 à 1845[192].

Même si la dépendance joue désormais beaucoup en faveur des petits, puisque les prix réels baissent et que la part des petits diminue, ces derniers sont encore tributaires des prix du marché du blé pour s'assurer une bonne santé. Les chronologies plus ou moins parallèles des changements anthropométriques et des prix permettent ainsi de retracer l'histoire inégale du bien-être des Français au XIXe siècle. L'hypothèse de J. Komlos concernant l'importance des apports en énergie sur la santé[193] se trouve vérifiée pour la France du début du XIXe siècle.

V – UNE RELATION ÉTROITE ENTRE SALAIRE ET DONNÉES ANTHROPOMÉTRIQUES

La très bonne corrélation obtenue avec les prix réels incite à se tourner vers le revenu des Français pour le mettre en parallèle avec les données anthropométriques. Le salaire influence-t-il la taille à l'époque de la petite enfance, lorsque les parents plus riches dépensent plus pour leur enfant en nourriture et en soins ? Ou cette influence s'exerce-t-elle plus tard, peu avant le passage sous la toise du conseil de révision ? Pour répondre à cette question, plusieurs tests de corrélation sont tentés entre la variable « taille médiane » ou la variable « réformés pour défaut de taille » d'une part, et la variable « salaires réels » d'autre part,

---

192 Voir le tableau des résidus reproduit en annexe.
193 J. KOMLOS, « Shrinking in a Growing Economy ? ... », *loc. cit.*, p. 783-792.

TABLEAU VII
*Corrélation entre la moyenne mobile des salaires réels
à différentes époques de la vie et des données anthropométriques
en France pour les cohortes nées entre 1814 et 1847*

Périodes de la vie où le salaire moyen* est calculé	Coefficient de détermination entre le salaire moyen et la proportion de réformés pour défaut de taille	Coefficient de détermination entre le salaire moyen et la taille médiane**
11-20 ans	0,7913	0,7605
12-20 ans	0,7911	0,7647
13-20 ans	0,7934	0,7689
14-20 ans	0,795	0,7645
15-20 ans	0,7717	0,7383
16-20 ans	0,7316	0,7006
17-20 ans	0,6773	0,6667
18-20 ans	0,6618	0,6607
19-20 ans	0,6507	0,6501
20 ans	0,64	0,6323

*D'après les salaires journaliers calculés annuellement par J. FOURASTIÉ, *op. cit.*, p. 46-47.

** Taille médiane d'après D. R. WEIR, « Economic Welfare... », *loc. cit.*, p. 191.

en calculant les salaires sur différentes époques de la vie. Les résultats sont synthétisés par le tableau VII.

On voit que la corrélation est maximale lorsque la moyenne mobile des salaires est calculée entre 13 et 20 ans ou entre 14 et 20 ans, avec des coefficients de détermination compris entre 0,76 et 0,79[194]. Le salaire jouerait donc un rôle déterminant sur la santé des Français à l'époque où le jeune actif commence à travailler. Ce résultat nous renvoie donc aux trajectoires professionnelles et aux possibilités (réduites) de mobilité sociale qui permettraient à l'adolescent d'améliorer ses conditions de vie.

---

194 Très logiquement, pour une même ligne du tableau, le coefficient de la colonne « proportion de réformés pour défaut de taille » est supérieur à celui de la colonne « taille médiane » : la santé des petits dépend davantage des salaires réels du travail non qualifié que la santé de la population de taille et d'aisance moyenne.

TABLEAU VIII

Influence des salaires réels* (X) sur la taille médiane** (Y)
en France pour les cohortes nées entre 1804 et 1867

Coefficient de détermination $R^2 = 0,909$ $F = 621,094$

$Y = 18,198\ X + 1,068$

   (0,730)   (0,146)

$t = 24,922$

probabilité de l'hypothèse nulle = $5,239 \times 10^{-34}$

* moyenne mobile des salaires réels d'après J. FOURASTIÉ, *op. cit.*, p. 46-47.
** Taille médiane d'après D. R. WEIR, « Economic Welfare... », *loc. cit.*, p. 191.

La corrélation entre taille médiane et salaires réels est encore plus forte si l'on considère les cohortes de naissance 1804-1867. On obtient alors un coefficient de détermination de 0,91. La régression linéaire est particulièrement bonne pour les cohortes de naissance 1810-1852[195]. Le graphique VI A montre qu'au cours de cette période, la baisse des salaires réels des années 1810 et 1820 a des répercussions négatives sur la taille médiane, donc sur le niveau de vie biologique. Par la suite, la hausse des salaires des années 1830-1850 s'accompagne d'une augmentation de la taille médiane. Le cas français s'apparente donc au cas allemand, où les données anthropométriques confirment l'évolution des salaires réels, par opposition au cas anglais où, au début du XIXe siècle, les deux séries évoluent dans des sens opposés[196].

---

195 Voir le tableau des résidus reproduit en annexe. La relation est aussi valable sur une plus longue période : de la cohorte née en 1797 à celle née en 1892, $R^2 = 0,856$. ($F = 554,515$; $Y = 0,035\ X + 0,295$ (erreurs-types respectives : 0,001 et 0,185), $t = 23,548$; probabilité de l'hypothèse nulle = $9,978 \times 10^{-39}$). Taille médiane d'après M. A. VAN MEERTEN, *loc. cit.*, p. 775-776. Les jeunes soldats des tranchées de 1914 seraient donc encore tributaires de leurs salaires pour s'assurer une bonne santé.

196 Pour la comparaison Allemagne-Angleterre, voir J. BATEN, *op. cit.*, p. 101-102 et 110.

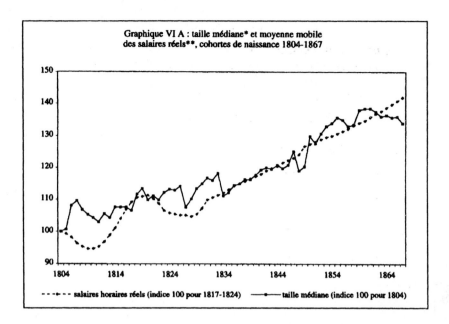

Graphique VI A : taille médiane* et moyenne mobile des salaires réels**, cohortes de naissance 1804-1867

* Taille médiane d'après D.R. WEIR, « Economic Welfare... », *loc. cit.*, p. 191.
** Moyenne mobile des salaires réels de 13 à 20 ans d'après J. FOURASTIÉ, *op. cit.*, p. 46-47.

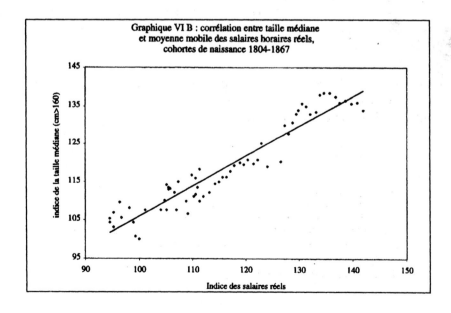

Graphique VI B : corrélation entre taille médiane et moyenne mobile des salaires horaires réels, cohortes de naissance 1804-1867

Malgré ces très bons résultats, les corrélations entre taille et salaires doivent être interprétées avec précaution. Tout d'abord, une augmentation de salaire ne signifie pas systématiquement une augmentation des apports en énergie. Le travailleur qui s'enrichit peut en effet dépenser davantage pour se soigner, avoir une meilleure hygiène, s'instruire, autant de facteurs importants qui jouent sur les dépenses d'énergie. L'influence des salaires sur la santé est indirecte et peut revêtir de multiples formes. En ce sens, cette influence paraît moins originale que l'influence des prix du blé précédemment mise en évidence.

CHAPITRE VI

DES SITUATIONS RÉGIONALES DISPARATES

I – LES MARQUES DES GUERRES RÉVOLUTIONNAIRES ET IMPÉRIALES

La carte I représente la répartition de la taille moyenne en France d'après le *Livret général de recrutement* édité en 1821. Elle concerne les jeunes gens nés entre 1796 et 1799. La carte II représente la même information pour les Français nés entre 1799 et 1806, d'après les données d'Emmanuel Le Roy Ladurie et de son équipe. Les deux cartes montrent des situations presque identiques et déjà connues, à savoir une opposition entre un espace de grande stature, au nord-est de la ligne Saint-Malo – Genève, et un espace de petite stature, au sud-ouest. Les régions les plus défavorisées sont la Bretagne et le Massif central, où la taille moyenne est inférieure à 164,5 cm.

Cependant, il apparaît que les régions de petite stature sont moins étendues sur la seconde carte. En effet, les cohortes nées en 1796-1799 comprennent 19 départements en dessous de 164,5 cm, alors que les cohortes nées en 1799-1806 n'en comptent que 12. Pour 1799-1806, le sud-est du Massif central, les Alpes du Nord, et les départements entre le Cher et la Sarthe connaissent une amélioration de leur situation par rapport aux cohortes de 1796-1799, pourtant nées peu de temps avant. Les départements immédiatement au sud de la ligne Saint-Malo – Genève sont donc ceux où la situation s'améliore le plus. En revanche, le sud du Massif central (Lot et Aveyron) ainsi que certains départements de l'Ouest (Charente, Landes, Deux-Sèvres) sont moins prospères pour les générations les plus jeunes.

CARTE I

TAILLE MOYENNE DE LA POPULATION RECRUTABLE NÉE EN 1796-1799

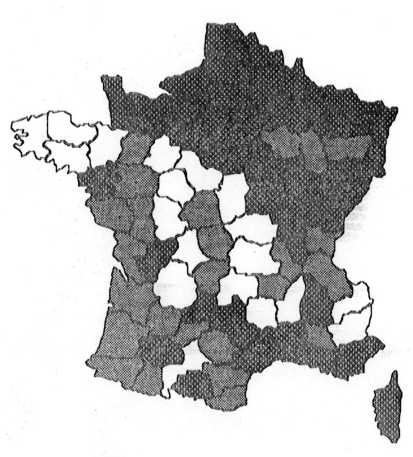

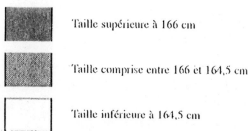

Taille supérieure à 166 cm

Taille comprise entre 166 et 164,5 cm

Taille inférieure à 164,5 cm

CARTE II

TAILLE MOYENNE DES CONSCRITS NÉS EN 1799-1806

D'après J.-P. Aron, P. Dumont et E. Le Roy Ladurie

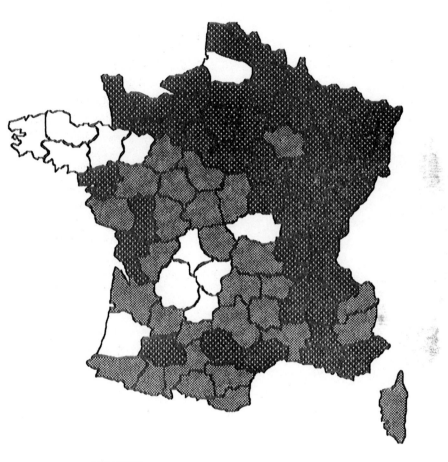

 Taille supérieure à 166 cm

 Taille comprise entre 166 et 164,5 cm

 Taille inférieure à 164,5 cm

Certaines observations sont très douteuses, comme c'est le cas pour l'Ardèche, qui passe en quelques années d'une situation très critique à un état plus prospère. Ces cas mériteraient une étude départementale plus poussée, afin de confirmer ou d'infirmer si une évolution aussi radicale est plausible[197].

Cependant, les surfaces de tendance observées nous montrent bien que la répartition du changement entre les deux cartes n'est pas le fruit du hasard. La remarquable continuité spatiale que l'on dégage au sud de la ligne Saint-Malo – Genève invite à chercher les causes sociales ou naturelles de l'amélioration. L'évolution est d'autant plus nette que les cohortes nées en 1796-1799 sont mesurées à un âge légèrement plus élevé que leurs cadettes[198]. La croissance de rattrapage joue donc en leur faveur. Malgré cela, les Français nés en 1796-1799 sont plus petits.

On peut supposer que les événements politiques ont une influence sur la santé des cohortes nées en 1796-1799. Celles-ci naissent et grandissent dans une période de guerres *quasi* continues, et elles sont examinées peu de temps après la période de grande cherté du blé de 1817[199]. On remarque d'ailleurs que le Nord-Est bénéficie d'une bonne situation sur les deux cartes. Or, sous le premier Empire, la raréfaction de la main d'œuvre a pour conséquence une augmentation des salaires des journaliers restant dans la vie civile[200]. J.-M. Moriceau et G. Postel-Vinay notent ce phénomène pour la période 1770-1820 dans leur étude portant sur les départements de la petite couronne de Paris[201]. Le bud-

---

197 À propos des évolutions anthropométriques plausibles et moins plausibles sur une courte période, voir J. HAN KIM, J. KOMLOS, «Estimating Trends in Historical Heights», dans *Historical Methods,* 23, 1990, p. 116-120. La carte I permet aussi, dans le cas de la Somme, d'avancer une taille moyenne plus probable que celle proposée par la carte II: ce département constitue, selon les données de l'équipe d'E. Le Roy Ladurie, une anomalie dans une France septentrionale plutôt grande. Or le compte rendu de 1821 suggère une majoration de l'ordre de 7,5 cm pour ce département (voir le tableau des annexes).

198 La classe née en 1796 est mesurée à l'âge de 22 ans et 4 mois, celle née en 1797 à 21 ans et 4 mois, celle née en 1798 à 21 ans et 1 mois, celle née en 1799 à 21 ans. Voir chapitre III pour les dates d'examen.

199 M. MORINEAU évoque «les abîmes de 1815 et de 1816» à propos des récoltes de ces deux années, voir «Révolution agricole, révolution alimentaire, révolution démographique», dans *ADH,* 1974, p. 359.

200 M. AGULHON, G. DÉSERT, R. SPECKLIN, *op. cit.,* p. 96.

201 J.-M. MORICEAU, G. POSTEL-VINAY, *Ferme, entreprise familiale, grande exploitation et changements agricoles. Les Chartier XVII-XIXᵉ siècles,* Paris, 1992, p. 268-269. Les départements de la petite couronne sont: la Seine-et-Oise, l'Oise, l'Eure-et-Loir et la Seine-et-Marne.

get familial est donc amélioré, et la taille des enfants se maintient plus facilement. Au contraire, les régions d'agriculture peu performante, les régions de petits propriétaires, ou de petits métayers, doivent être encore plus en difficulté car les hommes sont partis à la guerre, sans conséquences positives pour les petits exploitants indépendants restants au pays. Or ces régions se trouvent plutôt au sud de la Loire.

De plus, les régions immédiatement au sud de la ligne Saint-Malo – Genève, où la différence entre les deux cartes est la plus importante, correspondent aux départements de disettes et de contestations populaires du début du xixe siècle[202]. Les émeutes paysannes traduiraient alors la dégradation dramatique du niveau de vie biologique de la France médiane, située immédiatement au sud de la ligne Saint-Malo – Genève. En 1816-1817, les troubles d'origine frumentaire éclatent dans les marges du bassin parisien, «prenant en écharpe les départements allant de la Vienne à la Côte-d'Or»[203]. L'hypothèse de J. Komlos portant sur la concurrence entre les centres de consommation urbains et les périphéries productrices se trouverait alors vérifiée dans une France de crise frumentaire. La concurrence entre centre et périphérie ne jouerait pas de rôle structurel comme en Angleterre, mais relèverait de circonstances exceptionnelles. La capitale attire les bleds grâce à ses capitaux, mais elle prive alors les périphéries du fruit de leur travail. Notons également que, dans le cas de la France, la denrée en jeu serait alors bien plus le blé que la viande, à la différence d'un pays plus moderne comme l'Angleterre.

Pour confirmer l'hypothèse du facteur «cherté du blé», signalons que la proportion nationale de réformés pour défaut de taille est de 9,74 % en 1816, de 12,26 % en 1817 et de 13,99 % en 1818[204]. Ceci est à mettre en parallèle avec la célèbre disette de l'année 1817. La cherté du blé semble donc bien jouer un rôle dans la situation de la carte I.

Cependant, pour les cohortes nées entre 1799 et 1806, c'est-à-dire pour la carte II, la proportion nationale de réformés pour défaut de taille

---

202 Ces départements constituent «un arc réunissant les régions atlantiques, le Poitou, le bassin de la Loire moyenne et la Bourgogne» (N. BOURGUINAT, «Libre-commerce du blé et représentations de l'espace français. Les crises frumentaires au début du xixe siècle», dans *AESC*, 56, 2001, p. 127.)

203 N. BOURGUINAT, *ibidem*, p. 128.

204 Calculs réalisés avec les chiffres du *Livret général de recrutement...*, *op. cit.*, p. 40, 42, 45.

est de 14,45 %[205] contre 9,74 % à 13,99 % pour les cohortes nées entre 1796 et 1798. On aurait donc une situation paradoxale, où, entre la carte I et la carte II, la taille moyenne augmente[206], mais la proportion de réformés pour défaut de taille augmente aussi. Cela contredit alors les analyses de corrélation qui montrent que la taille médiane et la proportion de petits réagissent toutes deux dans le même sens au prix du blé : quand la taille augmente, la proportion de petits diminue. Une analyse de corrélation linéaire entre la variable « réformés pour défaut de taille » et la variable « taille médiane »[207] montre en effet que la corrélation pour toute la période 1814-1847 est très fortement négative (avec $R^2 = 0,91$). L'évolution intervenue entre les cartes I et II déroge à ce modèle.

Pour autant, peut-on affirmer que la France des cohortes nées en 1796-1799, la France des années de crise, est plus favorable aux pauvres que la France des années de convalescence ? En fait, la contradiction apparente entre les deux époques d'une part, et entre proportion élevée de réformés pour défaut de taille et taille moyenne élevée d'autre part, s'explique peut-être par la gravité de la situation des cohortes nées en 1796-1799. Durant ces années très dures, les plus petits, les plus faibles, ont dû mourir en grand nombre bien avant d'atteindre l'âge du service militaire. Au contraire, les cohortes nées en 1799-1806 ont eu tout juste de quoi survivre, donc la proportion de très petits augmente chez les survivants, alors que les conditions d'existence s'améliorent[208].

Quoi qu'il en soit, la carte I montre bien un pays affaibli par une accumulation de handicaps : guerres de la République thermidorienne, du Consulat et de L'Empire, épidémies provoquées par les migrations des soldats revenus des champs de bataille étrangers[209], cherté des

---

205 D'après le tableau correspondant des annexes qui reprend J.-P. ARON, P. DUMONT, E. LE ROY LADURIE, *Anthropologie du conscrit français...*, *op. cit.*

206 Hypothèse confirmée par les tailles moyennes nationales données par D. R. WEIR pour 1797-1806, « Economic Welfare... », *loc. cit.*, p. 191.

207 D'après les chiffres de D.R. WEIR, « Economic Welfare... », *loc. cit.*, p. 191.

208 Sur cette hypothèse, voir chapitre I.

209 Si l'on retient cette hypothèse, on suppose alors que les hommes plus riches, donc plus vigoureux, les hommes des frontières de l'Est, résistent mieux aux épidémies que les hommes du centre de la France, qui sont pourtant plus loin des lieux de passage des troupes, mais qui sont surtout beaucoup plus pauvres que leurs concitoyens du Nord. Les hommes sous-alimentés sont plus sensibles aux épidémies que les hommes bien portants.

bleds sur de longues périodes. Au contraire, la trilogie traditionnelle des « pestes », guerres et famines influence peut-être moins la génération suivante, qui bénéficie durant sa petite enfance du répit de la paix d'Amiens et qui n'est pas touchée en pleine croissance de rattrapage par la cherté de 1817[210].

II – DIMINUTION DES INÉGALITÉS INTERRÉGIONALES AU MILIEU DU SIÈCLE

La carte de la répartition des réformés pour défaut de taille réalisée d'après les données d'E. Le Roy Ladurie (carte III) nous donne une image très pessimiste du niveau de vie des Français les plus pauvres pour les cohortes nées en 1799-1806. Les espaces de forte proportion de petits, qui sont très étendus, sont ceux où, sur la carte I, la taille médiane est la plus faible. Les départements où la part des petits est supérieure à 15 % s'étendent de manière continue, de la Bretagne occidentale au sud des Pyrénées (Ardèche et Haute-Garonne). La France du sud-ouest de la ligne Saint-Malo – Genève apparaît comme sous-développée biologiquement. Cette grande région défavorisée s'étend même au nord de la ligne que les historiens retiennent habituellement comme limite entre régions modernes et régions arriérées[211]. Ainsi, des départements comme le Loiret ou l'Yonne font partie des plus pauvres. Les régions de montagne sont aussi très pauvres, comme les Alpes, la Corse ou le Massif central.

L'espace intermédiaire (entre 15 et 10 % de réformés pour défaut de taille) assure la continuité entre l'espace précédent, espace pauvre, et l'espace le plus riche. Il couvre le nord de la France pauvre (de la Manche à la Meurthe), la façade atlantique et l'Aquitaine, la façade méditerranéenne, le sillon rhodanien et les pré-Alpes. Il s'agit de régions littorales, donc à l'alimentation riche en poissons, où la taille aurait dû être élevée, de régions de passage, où les agents de propagation des maladies sont nombreux, où l'on s'attend donc à une faible

---

210 J.-P. ARON relève le contexte relativement favorable de la petite enfance des conscrits nés en 1799-1806, mais insiste sur leur adolescence difficile, *op. cit.*, p. 196.

211 Pour une présentation critique de la « ligne Saint-Malo – Genève » dans l'historiographie française, voir B. LEPETIT, « Sur les dénivellations de l'espace économique en France, dans les années 1830 », dans *AESC*, 41, 1986, p. 1243-1272.

CARTE III

PROPORTION DES JEUNES GENS RÉFORMÉS
POUR DÉFAUT DE TAILLE NÉS EN 1799-1806
(moins de 1,57 m)

D'après J.-P. Aron, P. Dumont et E. Le Roy Ladurie

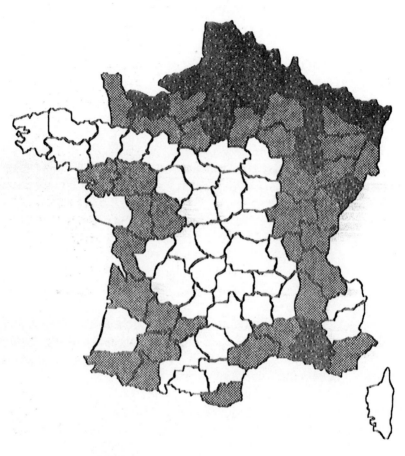

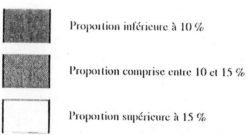

Proportion inférieure à 10 %

Proportion comprise entre 10 et 15 %

Proportion supérieure à 15 %

CARTE IV

PROPORTION DES PETITS DE LA CLASSE NÉE EN 1829
(moins de 1,57 m)

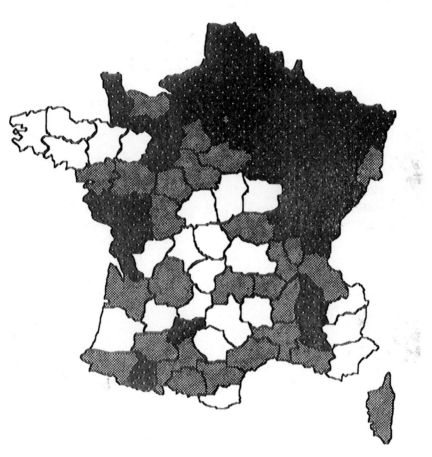

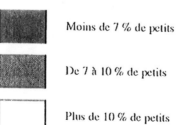 Moins de 7 % de petits

De 7 à 10 % de petits

Plus de 10 % de petits

taille, ou encore de régions enclavées mais où l'élevage ne semble pas jouer de rôle positif sur la santé. Les facteurs explicatifs sont multiples et la carte difficile à interpréter.

Enfin, l'espace le plus favorisé recouvre les riches plaines du nord de la France, du Calvados au Bas-Rhin. Une région d'aisance apparaît également au sud-est, dans les départements du Vaucluse et des Bouches-du-Rhône. Ainsi, les départements les plus favorisés ne sont qu'au nombre de 17. La richesse de l'agriculture peut expliquer cette géographie. Les plaines d'Île-de-France et de Picardie associent culture du froment et élevage ovin[212], complétés par le travail du textile qui fournit un complément de revenu[213]. Certains pays de petite culture (ou de polyculture) assurent à leurs habitants des revenus qui compensent la pénurie de terre, comme cela doit être le cas du Nord-Pas-de-Calais ou de l'Alsace. Certains départements doivent leur faible proportion de réformés pour défaut de taille à l'importance de leur élevage bovin : Calvados[214] et Doubs[215]. Enfin, les deux départements du Sud-Est sont bien portants, vraisemblablement grâce aux importations de blé russe depuis le port de Marseille[216].

La carte IV, qui représente la situation de la classe née en 1829, ne montre pas une organisation de l'espace fondamentalement différente mais elle laisse voir la forte diminution de la part des petits dans toute la France.

Les espaces où il reste plus de 10 % de petits sont désormais discontinus. On retrouve encore quelques régions particulièrement défavorisées le long de la ligne Saint-Malo-Genève : Bretagne, nord, ouest et sud du Massif central, Alpes.

---

212 Voir à ce sujet J.-M. MORICEAU, G. POSTEL-VINAY, *op. cit.*, p. 216, 266, 320-323.

213 B. LEPETIT retient d'autres critères de richesse pour sa France physiocratique (Beauce, Île-de-France, Flandre, Hainaut, Normandie) : valeur foncière et revenus agricoles élevés, grande culture et fermage très développés, type de traction animale (le cheval). *Loc. cit.*, p. 1258.

214 Voir G. DÉSERT, *Les Paysans du Calvados,* 1815-1895, Paris, 1975, troisième partie : Les paysans normands face à l'économie de marché, et plus particulièrement p. 562-567 et 651-660. La première révolution de l'élevage a lieu dans la première partie du siècle, alors que les salaires des journaliers et des domestiques s'élèvent, en raison de la rareté de la main d'œuvre.

215 Voir J. BATEN, *loc. cit.*, p. 106.

216 Voir R. LAURENT, «Les variations départementales du prix du froment en France (1801-1870)», dans *Histoire, économies, sociétés. Journées d'étude en l'honneur de Pierre Léon (6-7 mai 1977),* Lyon, 1977, p. 124.

Les départements intermédiaires (de 7 à 10 % de petits) suivent presque parfaitement la fameuse ligne, se concentrant au sud-ouest de celle-ci, à l'exception du Calvados, de l'Eure-et-Loir, du Loiret et du Haut-Rhin. Ce dernier département est un exemple de région d'agriculture intensive, où le revenu par hectare est élevé, mais où les revenus par actif sont inférieurs à la moyenne nationale, en raison d'une densité de population élevée. Les revenus sont encore plus faibles, si on les corrige par les prix du blé[217]. Le Calvados, qui était favorisé par rapport aux départements voisins en 1799-1806, se retrouve isolé en 1829 en raison de sa situation médiocre. Peut-être faut-il voir dans cette évolution les effets du début de l'exportation excessive de protéines d'origine animale vers la capitale, comme le suggère J. Baten pour les années 1840-1874[218] ?

Les départements les plus favorisés s'étendent vers le Sud. On les trouve désormais de l'Eure à l'Ain, et même dans quelques régions du sud de la Loire : en Vendée, Charente-Inférieure et Deux-Sèvres, dans les Hautes-Pyrénées et enfin dans le Comtat venaissin et la Drôme.

On remarque que la situation des départements les plus urbanisés est contrastée : les habitants du Nord-Pas-de-Calais se portent bien, mais les Parisiens dessinent désormais une tache claire dans un Nord bien portant : cette indication est peut-être à mettre en rapport avec la diminution de la consommation de viande par habitant à Paris durant la première moitié du XIXe siècle[219], ou peut-être de lait.

La carte V nous indique la rapidité plus ou moins importante des évolutions observées entre les deux cartes précédentes. On constate que les plus fortes diminutions de la part des petits se localisent au sud de la Loire, et même dans les départements qui sont parmi les plus défavorisés[220]. Il y a donc un phénomène de rattrapage partiel par rapport aux espaces plus riches.

---

217 Voir à ce sujet M. HAU, « Pauvreté rurale et dynamisme économique : le cas de l'Alsace au XIXe siècle », dans *Histoire, Économie et Société*, 6, 1987, p. 115. Les chiffres calculés par M. HAU s'entendent pour 1852, alors que notre carte concerne la cohorte de naissance 1829.

218 J. BATEN, *loc. cit.*, p. 106.

219 Sur la consommation de viande à Paris, voir D. R. WEIR, « Economic Welfare... », *loc. cit.*, p. 171, J.-P. ARON, *op. cit.*, p. 200.

220 C'est le cas du Finistère, des Côtes-du-Nord, de la Creuse, de la Haute-Vienne et du Tarn, soit 5 départements très défavorisés sur les 13 départements qui progressent le plus entre 1799-1806 et 1829.

VARIATION DE LA PROPORTION DES PETITS DES CLASSES
NÉES EN 1799-1806 À LA CLASSE NÉE EN 1829
(moins de 1,57 m)

Données de 1799-1806 d'après J.-P. Aron, P. Dumont et E. Le Roy Ladurie

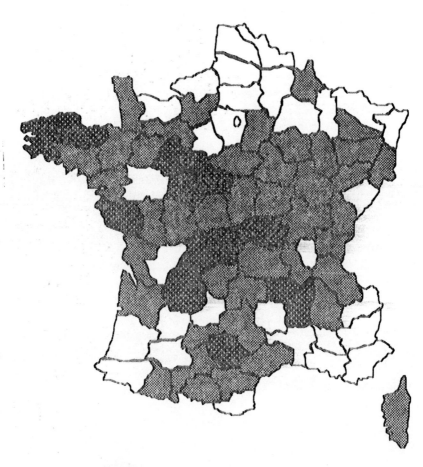

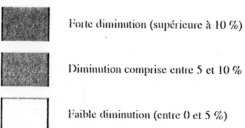

Forte diminution (supérieure à 10 %)

Diminution comprise entre 5 et 10 %

Faible diminution (entre 0 et 5 %)

CARTE VI

LES NIVEAUX DE DÉVELOPPEMENT
AU DÉBUT DU XIXᵉ SIÈCLE

D'après B. Lepetit

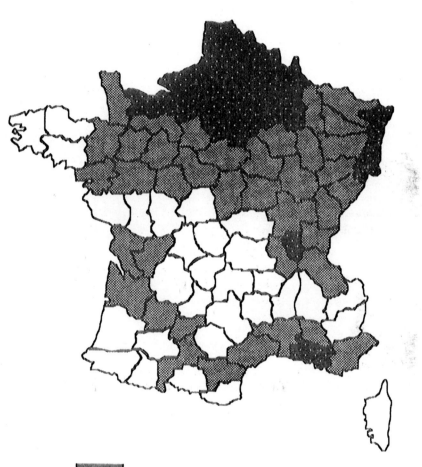

 11 070 à 3 052

 2 361 à -- 1 281

 -- 1 725 à -- 5 081

En revanche, les régions les plus riches, celles du Bassin parisien et des plaines du Nord, évoluent peu. On peut rapprocher cette continuité spatiale du type d'agriculture de ces régions. Les espaces les plus productifs portent des hommes en bonne santé dès 1799-1806, l'évolution postérieure est donc faible. Mais on peut également lire cette continuité à la lumière de la corrélation chronologique entre prix du blé et données anthropométriques. La présence d'un marché régional du blé déjà unifié au nord de la France dès le début du siècle[221] peut expliquer le faible pourcentage de petits ainsi que la faible évolution entre la situation de 1799-1806 et celle de 1829[222]. Dans cet espace, les variations des prix du blé sont (déjà) faibles[223] en raison d'une économie performante, aux rendements et aux salaires élevés[224] et aux circuits commerciaux efficaces[225]. On remarque aussi que les départements qui ont les plus grandes villes évoluent le plus lentement : Seine, Bouches-du-Rhône, Rhône, Nord. La grande ville ne semble pas connaître de dégradation du niveau de vie, contrairement au Royaume-Uni.

Les cartes III et V présentent de fortes similitudes avec la carte VI, qui montre les niveaux départementaux de «développement» vers 1830

221 Sur l'organisation régionale des prix du blé et sur son évolution, voir B. LEPETIT, *Armature urbaine et organisation de l'espace dans la France préindustrielle (1740-1840)*, Paris, 1987, p. 668-679.

222 Dès les années 1780, la ville de Paris est presque totalement approvisionnée en blé par ses deux premières couronnes qui comprennent : la Seine-et-Oise (fournit 30,3 % des farines consommées à Paris), la Seine-et-Marne (14,3%), l'Eure-et-Loir (20,6 %), l'Oise (23,2 %). Ces départements constituent la première couronne. l'Eure, la Seine Inférieure, la Somme, l'Aisne, la Marne, l'Aube, le Loiret, l'Yonne constituent la deuxième couronne. D'après J.-M. MORICEAU, G. POSTEL-VINAY, *op. cit.*, p. 266, pour la première couronne, d'après G. W. GRANTHAM, «Espaces privilégiés : productivité agraire et zone d'approvisionnement des villes dans l'Europe préindustrielle», dans *AESC*, 52, 1997, p. 711, pour la deuxième couronne.

223 Entre 1820 et 1846, les prix moyens mensuels du blé varient très peu d'une année à l'autre, même aux périodes de soudure. D'après J.-M. MORICEAU, G. POSTEL-VINAY, *ibidem*, p. 262.

224 Pour les rendements, voir entre autres J.-M. MORICEAU, G. POSTEL-VINAY, *ibidem*, p. 210. Pour les salaires, *ibidem*, p. 321-322.

225 Sur le rôle des transports dans l'organisation de l'espace, voir l'étude précédente et G .W. GRANTHAM, *loc. cit.*, p. 699, p. 712-713 ; voir également P. BAIROCH, «The Impact of Crop Yields, Agricultural Productivity, and Transport Costs on Urban Growth between 1800 and 1910», dans *Urbanization in History. A Process of Dynamic Interactions*, dir. J. DE VRIES, A. HAYAMI, A. D. VAN DER WOUDE, New York, 1990, p. 145 et 149.

d'après B. Lepetit[226]. La carte VI prend en compte une multitude de facteurs socio-économiques pour définir des niveaux de «développement»: démographie, agriculture, industrie, impositions, valeurs des biens immobiliers, indices d'équipement de transport[227]. Les espaces de modernité définis par B. Lepetit coïncident avec les espaces de faible proportion de réformés pour défaut de taille et de faible diminution de cette proportion. Ainsi, à la modernité socio-économique répond un développement humain, biologique. Inversement, aux régions traditionnelles de B. Lepetit correspondent des espaces de sous-développement biologique.

D'une manière générale, le contraste est saisissant entre le nord de la ligne Saint-Malo – Genève, où les gradients de taille sont régulièrement répartis, et le Sud où les contrastes sont forts. Ainsi, au sud, des départements où la diminution de la part des petits est la plus importante côtoient des départements où elle est la plus faible[228]. Ces observations sont à rapprocher du cloisonnement des espaces économiques et des marchés du blé dans la France du Sud et des écarts de prix qui en résultent[229]. Les contrastes anthropométriques observés rendent peut-être compte du cloisonnement du marché au sud et de son intégration au nord. Les progrès inégaux de la France du Sud montreraient alors que l'intégration au marché n'est pas achevée partout. Néanmoins, la période 1799-1806 à 1829 est une période de rattrapage inégal de la France du Sud sur la France du Nord.

III – STAGNATION ET RÉGRESSION DU MILIEU DU SIÈCLE: LA CRISE DES RÉGIONS DÉVELOPPÉES

La période postérieure à 1829 est originale car les progrès dans la stature sont faibles; certains départements voient même leur situation anthropométrique se dégrader. La carte indiquant la répartition des petits pour la cohorte née en 1848 est légèrement plus foncée que celle

---

226 Carte établie d'après B. LEPETIT, *loc. cit.*, p. 1262.

227 Sur la méthode suivie pour la réalisation de la carte, voir B. LEPETIT, *ibidem*, p. 1243-1268.

228 C'est le cas de la Dordogne par rapport à la Charente, du Lot-et-Garonne par rapport au Lot, de l'Ardèche et de la Haute-Loire par rapport à la Lozère et au Gard, du Maine-et-Loire par rapport à la Vendée, à la Sarthe et à l'Indre-et-Loire.

229 voir B. LEPETIT, *op. cit.*, p. 679.

de 1829. À l'échelle nationale, la part des moins de 157 cm.[230] passe de 8,06 % pour la cohorte née en 1829 à 7,46 % pour celle née en 1848. Le gain n'est que de 0,6 % en 19 ans, contre 6,4 % en 23 ans pour les générations précédentes, c'est-à-dire pour les cohortes nées entre 1799-1806 et 1829. Il n'est par conséquent pas étonnant que la carte VII diffère peu de la carte IV.

La répartition des changements que connaît la France entre ces deux moments est intéressante, même s'il n'y a pas de bouleversement des inégalités. En effet, la carte VIII indique que les zones de diminution importante de la part des petits sont très réduites. On ne compte que 7 départements où la diminution est supérieure à 5 %, encore s'agit-il de régions qui étaient parmi les plus défavorisées en 1829[231]. Les pourtours nord-ouest et sud du Massif central et les Alpes du Sud ne font ici qu'une croissance de rattrapage.

L'amélioration est plus faible (entre 0 et 5 %), mais couvre un espace plus étendu, pour la Bretagne occidentale, les côtes aquitaines, les Pyrénées, le centre du Massif central, le Languedoc et le sillon rhodanien. Les régions de faible diminution de la part des petits se situent donc majoritairement au sud de la ligne Saint-Malo – Genève. Au nord, seuls certains départements de Champagne, de Lorraine, d'Alsace et de Normandie poursuivent l'amélioration de leur situation.

De même, Paris progresse un peu, ce qui peut être mis en parallèle avec l'augmentation de la consommation de viande par tête[232]. Cette évolution de la consommation est à rapprocher d'une meilleure organisation de l'approvisionnement en protéines[233], due à la construction des Halles et à la mise en place du réseau ferré.

---

230 Selon les données corrigées par nos soins, voir la II partie du présent travail.

231 Il s'agit du Cher, de l'Indre, de la Haute-Vienne, de l'Aveyron, de la Lozère, des Hautes-Alpes et du Var.

232 Voir D. R. WEIR, « Economic Welfare... », *loc. cit.*, p. 171.

233 Voir à ce sujet la comparaison des deux éditions du précieux livre de A. HUSSON, *Les Consommations de Paris*, Paris, 1856 et 1875[2]. Ce livre fournit des données quantitatives sur les approvisionnements de Paris en viandes, lait, grains, légumes... il calcule une ration moyenne des Parisiens qu'il compare aux époques antérieures, depuis l'étude de Lavoisier de 1791. Mais il fournit aussi des données qualitatives. On apprend ainsi qu'au début des années 1870, l'approvisionnement en lait de la capitale donne lieu à des contrôles et analyses sur échantillons à l'arrivée des trains en gare, pour éviter que le lait ne soit coupé d'eau par les producteurs et les intermédiaires, puis coloré ou épaissi avec de la chicorée, du caramel, du son, de la farine... Les pouvoirs publics s'inquiètent donc de la dégradation de la santé des bébés qui peut résulter de telles pratiques : les mesures prises servent à « protéger la population contre les sophistications d'une denrée qui

Le cas des départements limitrophes de Paris n'en est que plus frappant. Alors que la capitale, pourtant en croissance démographique, parvient à améliorer, ne serait-ce que faiblement, le niveau de vie biologique de ses habitants, les plaines du bassin parisien connaissent une augmentation du nombre de petits.

Cette carte de France est donc singulière, puisque les régions riches sont manifestement en crise. On peut difficilement invoquer les effets de la cherté de 1846-1847 sur les générations nées en 1848 dans les grandes plaines céréalières du bassin parisien. Ce serait entrer en contradiction avec l'analyse de corrélation qui montre que l'influence des prix du blé ne se fait sentir qu'entre 0 et 3 ans, soit, ici, entre 1848 et 1851.

Si, en revanche, on se tourne vers l'époque de l'adolescence de la cohorte née en 1848, soit vers le milieu des années 1860, on peut expliquer l'absence de croissance de rattrapage de certains Français par « la prolétarisation des ouvriers agricoles dans les régions qui ont subi les effets de la désindustrialisation »[234]. En effet, « les anciennes régions d'industrie rurale ont connu une véritable prolétarisation de leur main-d'œuvre »[235]. Ainsi, la baisse des revenus des actifs les plus pauvres des campagnes pourrait être la clef d'interprétation de la carte VIII. Cette explication est d'autant plus probable que la corrélation entre salaire réel et taille est très forte entre 13 et 20 ans[236]. Selon M. Levy-

---

joue un rôle si important dans l'alimentation» (édition de 1875, p. 347). Les mesures semblent d'ailleurs efficaces : le lait à son arrivée à Paris est «falsifié» à 44 % en 1871, mais à seulement 16 % en 1873. À la vente au détail, les progrès sont moins nets : la «sophistication» concerne 53 % du lait en 1871, puis 34 % en 1873 (*Ibidem*, p. 348). Ce livre permet par ailleurs d'avancer une hypothèse à propos de l'augmentation de la part des petits que connaît le département de la Dordogne. Les exportations de viande bovine vers Paris augmentent en moyenne de plus de 10 000 têtes par an de 1845-1852 à 1868-1873, ce qui n'est le cas que pour 5 départements (calcul d'après la première édition, p. 134, et deuxième édition, p. 189). Parallèlement, le prix de la viande bovine en Dordogne est un des plus élevé de France (1,9 F le kg en 1875, d'après *l'Annuaire Statistique de France*, 1878, p. 473). Voilà peut-être un exemple des difficultés que connaissent les péripheries pauvres en cours d'intégration au marché national des protéines, selon l'hypothèse de J. Komlos. Les exportations vers la capitale se traduiraient par une diminution de l'apport en protéines pour les producteurs de certaines régions. Mais pour la France, le cas de la Dordogne est unique.

234 M. LEVY-LEBOYER, «Les inégalités interrégionales : évolution au XIXe siècle», dans *Économie rurale*, 152, 1982, novembre-décembre, p. 26.

235 M. LEVY-LEBOYER, *ibidem*, p. 32.

236 À l'échelle nationale, $R^2 = 0,91$ pour la corrélation entre la moyenne mobile des salaires réels entre 13 et 20 ans et la taille médiane pour les cohortes nées entre 1804 et 1867, voir chapitre V.

CARTE VII

PROPORTION DES PETITS DE LA CLASSE NÉE EN 1848
(moins de 1,57 m)

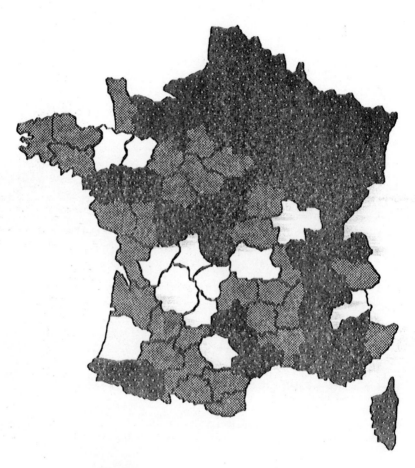

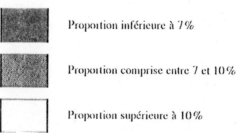

Proportion inférieure à 7%

Proportion comprise entre 7 et 10%

Proportion supérieure à 10%

CARTE VIII

VARIATION DE LA PART DES PETITS DE
LA CLASSE NÉE EN 1829 À LA CLASSE NÉE EN 1848
(moins de 1,57 m)

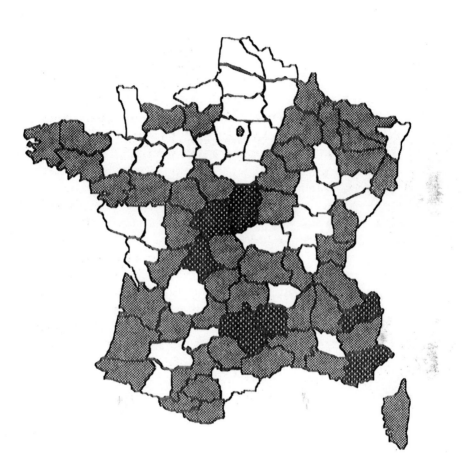

■ Diminution supérieure à 5 %

▨ Faible diminution de la part des petits (0 à 5 %)

□ Augmentation de la part des petits

Leboyer, les journaliers de Normandie, des plaines du Nord et du Centre connaissent un « avilissement de leurs gages » à la fin du xixe siècle[237]. Pour Lévy-Leboyer, ces régions correspondent à des régions céréalières à revenu supérieur (entre autres Picardie et Beauce). Ce sont des régions où le nombre de petits augmente. La baisse du niveau de vie biologique est aussi sensible dans des régions de l'Ouest, régions que Levy-Leboyer classe comme spécialisées dans l'élevage : Maine, Basse-Normandie, Charentes[238]. Cette crise des petits paysans s'explique par l'effondrement des revenus annexes fournis par le tissage à domicile dans les années 1865-1875[239]. C'est à cette époque que la fabrication textile mécanisée se développe rapidement dans les villes. La concurrence étrangère joue également de plus en plus après l'ouverture des frontières en 1861, par exemple sur les industries rurales de la laine en Beauce[240].

De plus, les régions davantage développées souffrent de la concurrence des régions pauvres qui fournissent désormais la capitale au moindre coût : « Les régions à haut revenu, proches du marché parisien, n'ont pas été en mesure de maintenir leur avantage sur les régions périphériques »[241]. Selon Levy-Leboyer, la concurrence interrégionale des prix joue un grand rôle sur les dynamiques régionales dans les années 1860, au moment où se développent les transports et où le surpeuplement rural ne menace plus le bien-être des périphéries. En effet, d'après nos résultats, les prix réels du blé jouent un rôle de moins en moins important après 1854 sur la santé, mais ils influencent encore le niveau de vie biologique des plus petits.

Levy-Leboyer note une « amélioration des revenus relatifs dans les régions situées à la périphérie du marché »[242] après la création du réseau ferroviaire. Sur la carte VIII, il semble bien que le niveau de vie biologique des « périphéries » s'améliore alors que celui du « centre » se dégrade. Ainsi, le Nivernais spécule de plus en plus sur les hauts prix de la viande[243], alors que le département de la Nièvre fait partie de cette France de la périphérie qui s'intègre au marché national. La rente

---

237 M. LEVY-LEBOYER, *loc. cit.*, p. 32.
238 Pour la classification des régions, M. LEVY-LEBOYER, *ibidem*, p. 28.
239 *Ibidem*, p. 32.
240 *Ibidem*, p. 30.
241 *Ibidem*, p. 32.
242 *Ibidem*, p. 26.
243 *Ibidem*, p. 29.

de situation du bassin parisien disparaît donc avec l'avènement du train, ce qui profite à d'autres régions périphériques comme la Champagne, la Lorraine et la Bretagne[244], alors que ces régions sont précisément les seules au nord de la Loire qui améliorent le niveau de vie biologique de leurs plus petits.

Les régions à productions «variées» de la typologie de Levy-Leboyer (Alsace, Vaucluse, Bas-Languedoc)[245] ne sont pas épargnées par la crise qui commence dès les années 1860. En tant que régions de culture intensive et régions d'industries rurales, elles sont très sensibles à la disparition de revenus annexes, comme c'est le cas des grandes plaines céréalières. Le cas du Vaucluse est édifiant, car ce département est le seul de la France du Sud-Est à voir la part des petits augmenter. Cette évolution est à rapprocher de la «crise générale du système qui se noue au tournant des années 1860 et 1870, par la conjoncture sans précédent, de crises et catastrophes sectorielles»[246]. En effet, la courbe de production de la soie «va brusquement et durablement se casser, dans les années 1850»[247]. La muscardine, maladie du ver à soie, se propage facilement dans des élevages réalisés «sans le moindre investissement»[248]. Les petits paysans du Vaucluse sont en effet nombreux à vivre de l'éducation de vers à soie qui, faute de capitaux, se fait dans des bâtiments humides, sans ventilation... et sans mûrier. Le Vaucluse supporte donc des densités de vers à soie et des densités de petits exploitants devenues supérieures aux capacités du département, d'où la crise des années 1860. Toutefois, les difficultés ne se limitent pas à la sériciculture, le Comtat venaissin est aussi très touché par le phylloxera à partir de 1866[249]. Enfin, il existe une «crise plus radicale encore et se déroulant sur un rythme plus rapide», celle de la garance, à partir de 1866[250]. Elle affecte particulièrement le revenu des ouvriers à l'arrachage, soit le revenu des plus pauvres. Comme on le voit, la crise du Vaucluse est représentative des difficultés que connaissent les régions d'agriculture intensive dans les années 1860.

---

244 M. LEVY-LEBOYER, *loc. cit.*, p. 28-29.

245 *Ibidem*, p. 28.

246 C. MESLIAND, *Paysans du Vaucluse (1860-1939)*, Aix-en-Provence, 1989, p. 127.

247 *Ibidem*, p. 128.

248 *Ibidem*, p. 129.

249 *Ibidem*, p. 140.

250 *Ibidem*, p. 135 et 136.

La carte VIII montre donc un pays où les régions riches sont mises en difficulté. Cette évolution est vraisemblablement due à l'intégration au marché des régions périphériques. Ainsi, l'hypothèse de J. Komlos concernant l'influence de l'intégration au marché sur les données anthropométriques se trouverait vérifiée. Mais les baisses de taille s'observent sur des périodes moins longues et dans de plus faibles proportions qu'en Angleterre[251]. De plus, les difficultés n'arrivent pas là où on les attendrait, c'est-à-dire dans les périphéries qui s'intègrent. En ce sens, l'avènement du marché est relativement moins dramatique que dans les autres pays en raison du malthusianisme français : la tension entre la terre et les hommes n'est pas insurmontable. Le marché qui joue ici un rôle important n'est pas celui des denrées alimentaires, mais plutôt celui du travail. Les régions périphériques produisent à un coût salarial inférieur à celui des régions proches de Paris. Le réseau ferré en construction permet aux nouveaux venus sur le marché de proposer à un prix inférieur les mêmes produits. De plus, la crise de la proto-industrie rurale des régions du Nord, « véritables usines polyvalentes »[252], accentue les difficultés des régions les plus développées. Ces régions paient donc dans les années 1860 le tribut de leur modernité passée.

IV – BILAN D'UN DEMI-SIÈCLE DE PROGRÈS

Au terme de cette étude anthropométrique de la France du XIXe siècle, la carte IX présente un bilan couvrant la période entre les générations nées en 1799-1806 et celle née en 1848. Sur un demi-siècle, le niveau de vie biologique des Français s'améliore : la part des individus de moins de 157 cm. diminue de 7 %.

---

251 Il semble cependant que, d'après E. LE ROY LADURIE et A. ZYSBERG, la régression du niveau de vie biologique français continue entre 1868 et 1887 pour certaines catégories de population : la stabilisation de la taille entre ces deux dates « suggère que le déclenchement de la crise économique après 1873 dans nos campagnes, a pu stopper pour plus d'une décennie les changements biologiques qu'induisait normalement l'amélioration séculaire et plus ou moins régulière du niveau de vie » (« Anthropologie des conscrits français... », *loc. cit.*, p. 47). D'après un échantillon de 10 900 individus de la classe 1887, comparé à l'échantillon d'une étude antérieure (1969), E. Le Roy Ladurie trouve que l'écart-type entre les plus grands et des plus petits augmente entre les deux dates (de 5,54 à 6,05 cm). Cependant, rien n'indique que ce sont les mêmes catégories socio-professionnelles qui sont touchées entre les cohortes 1829-1848 et les cohortes 1848-1867.

252 M. AGULHON, G. DÉSERT, R. SPECKLIN, *op. cit.*, p. 58.

CARTE IX

VARIATION DE LA PART DES PETITS DES
CLASSES NÉES EN 1799-1806 À LA CLASSE NÉE EN 1848
(moins de 1,57 m)

Données de 1799-1806 d'après J.-P. Aron, P. Dumont et E. Le Roy Ladurie

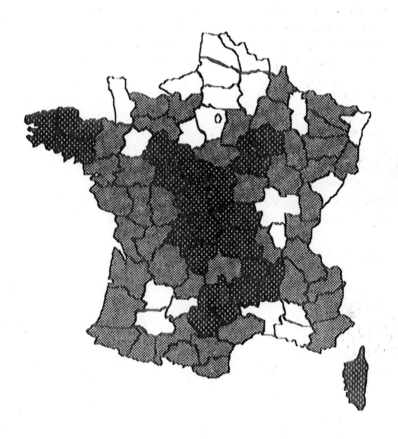

Forte diminution (supérieure à 10%)

Diminution comprise entre 10 et 5%

Faible diminution (inférieure à 5%)

Les espaces de forte diminution (plus de 10 %) présentent une remarquable continuité spatiale. La France qui va du centre et du sud du Massif central jusqu'aux terres pauvres du sud du bassin parisien, monopolise la plus forte amélioration du niveau de vie biologique[253]. Les deux extrémités de la ligne Saint-Malo – Genève, la Bretagne occidentale et la Corse, connaissent aussi une évolution très positive. Il s'agit là de régions très enclavées et peu productives qui sortent vraisemblablement de l'arriération avec la révolution agricole et l'amélioration des transports. Cette France correspond également à la France végétarienne, continentale, mise en évidence par une étude de G. Désert[254]. Une forte augmentation des apports en protéines, sous forme de viande, ou plus vraisemblablement sous forme de céréales, peut expliquer le rattrapage de ces régions[255].

La France intermédiaire, dont la part de petits baisse de 10 à 5%, couvre pratiquement tout le reste du pays. Elle correspond à des régions d'aisance moyenne. Le niveau de vie biologique n'y est pas particulièrement déprimé en 1799-1806, il augmente donc médiocrement jusqu'en 1848.

Enfin, les régions où l'amélioration est faible présentent aussi une forte continuité spatiale. Il s'agit surtout de régions riches dès le début de la période, c'est-à-dire où le nombre de petits est déjà réduit car la terre nourrit convenablement ses hommes. Le niveau de vie biologique élevé de ces régions est visible dès la fin du XVIIe siècle.[256]. C'est le cas des plaines du nord de la France, du Pas-de-Calais à l'Eure-et-Loir. Cet espace correspond à un marché du blé déjà unifié avant l'arrivée du chemin de fer, où les prix du blé sont uniformément fixés, où tous les petits ont accès dans des conditions identiques au marché. Certains départements d'élevage se rattachent à ces régions où l'évolution est faible : la Manche, la Mayenne, le Doubs.

---

253 De la Sarthe et de l'Aube jusqu'au Tarn.

254 G. DÉSERT, « Viande et poisson dans l'alimentation des Français au milieu du XIXe siècle », dans *AESC*, 30, 1975, p. 533. Cette région comprend, d'après la p. 532, 13 départements : La Nièvre, le Cher, l'Indre, la Creuse, l'Allier, le Puy-de-Dôme, la Haute-Loire, la Lozère, le Cantal, l'Aveyron, le Lot, la Corrèze, la Dordogne.

255 Dans certains départements du Centre-Ouest du pays, entre 1852 et 1862, la consommation de pain augmente plus vite que la production de blé, vraisemblablement grâce à de grands changements dans le commerce des grains. Voir la carte (p. 508) de G. POSTEL-VINAY, J.-M. ROBIN, *loc. cit.*, et p. 507.

256 J. KOMLOS, « The Anthropometric History of Early-Modern France », communication faite à la Fourth European Historical Economics Society Conference, Oxford, 22 septembre 2001.

Enfin, d'autres régions au marché déjà unifié évoluent peu. Le Midi méditerranéen, alimenté en blé africain puis russe par la mer, bénéficie traditionnellement d'un approvisionnement assez bon marché en protéines d'origine végétale. Comme pour les plaines du Nord, la situation anthropométrique du Midi est bonne dès le XVIIe siècle[257]. Le marché lyonnais lui aussi est approvisionné précocement par l'intermédiaire du sillon rhodanien, ou par la Saône-et-Loire[258]. Mais on peut également remarquer que ces espaces correspondent aux plus grandes villes de France : les mauvaises conditions sanitaires ne permettent peut-être pas aux citadins d'améliorer leur niveau de vie biologique à une époque de croissance urbaine mais aussi de stagnation des conditions hygiéniques.

De manière très synthétique, on peut donc affirmer que les écarts sociaux entre départements diminuent au cours de la première moitié du XIXe siècle, en période de croissance comme en période de crise. Parallèlement, à l'échelle nationale, les écarts entre les plus petits, c'est-à-dire les plus pauvres, et les Français moyens restent les mêmes. Ceci traduit une amélioration insensible du niveau de vie biologique pour toute la population, avec un net retard pour les Français les plus petits[259] : il y a inégalité face au marché, surtout au moment où les Français s'affranchissent du blé « mal nécessaire ».

---

257 J. KOMLOS, « The Anthropometric History of Early-Modern France ».
258 N. BOURGUINAT, *loc. cit.*, p. 148.
259 Voir le chapitre V. En effet la part des petits diminue alors que la taille médiane augmente : il y a donc pérennité des inégalités à travers une amélioration qui touche toute la population.

CONCLUSION

Au terme de cette première approche de la France du XIXe siècle par les méthodes de la « nouvelle histoire anthropométrique »[260], des résultats peuvent déjà être avancés, alors que bien des zones d'ombre appellent des travaux beaucoup plus poussés. Chronologie et géographie de la stature constituent deux domaines où nos connaissances sont désormais plus précises.

1. Apports chronologiques : importance des facteurs sociaux dans les premières années de la vie, fin du blé mal nécessaire

Notre travail montre qu'aux premiers âges de la vie, les facteurs sociaux ont une influence importante sur la taille adulte, sorte de trace fossile du bien-être durant la petite enfance. De l'âge de 0 à 3 ans, donc dès l'état fœtal, les variations des prix réels du blé expliquent les changements de la taille. La corrélation est plus forte avec les prix réels qu'avec les prix nominaux : le salaire des parents explique en partie l'état de santé des enfants. Les études postérieures devraient donc porter sur la profession des parents qui serait à mettre en parallèle avec la taille des enfants. Cette corrélation entre prix du blé et taille est encore plus forte si l'on met en parallèle la moyenne mobile des prix réels du blé entre 0-3 et 19-20 ans et la taille médiane ou la proportion de réformés pour défaut de taille. L'addition des prix entre 19 et 20 ans à

---

260 Sur cette expression, voir R. H. STECKEL, « Strategic Ideas... », *loc. cit.*, p 804-821.

ceux calculés entre 0 et 3 ans permet de saisir l'influence toujours importante du prix des céréales sur la santé, même lors de la période de croissance de rattrapage. Notre étude explore, grâce à l'outil statistique, les relations entre disponibilités alimentaires et données anthropométriques. Elle trace un lien entre révolution agricole et (r)évolution anthropométrique. Un seul facteur, le prix du blé, choisi pour son importance supposée dans la vie matérielle et quotidienne des Français, explique une majorité des évolutions anthropométriques d'une population qui subsiste par un régime essentiellement végétarien jusqu'au milieu du xixᵉ siècle. Les céréales sont la principale source de protéines et donc de croissance des jeunes Français jusque dans les années 1830. Le cas français présente une forte originalité face au cas anglais, où, selon J. Baten, la consommation accrue de céréales signifie non pas une augmentation mais une baisse de la taille, car, pour les Anglais, cela traduit une baisse des apports en protéines[261]. Le régime alimentaire français paraît donc moins riche que le régime anglais, qui comporterait déjà une part relativement importante mais de plus en plus réduite de protéines animales.

En effet, des Français nés en 1814 jusqu'aux Français nés en 1834, l'ensemble de la population réagit aux prix du blé, c'est-à-dire qu'il existe une corrélation entre les prix réels du blé et la part des petits[262] et une corrélation entre les prix réels du blé et la taille médiane[263]. Pour les cohortes nées après 1834, la deuxième corrélation n'est plus significative. On peut donc avancer l'hypothèse que la santé des Français «moyens» se dégage de l'influence des prix du blé : l'étude anthropométrique du cas français permet de mieux cerner la chronologie de la révolution agricole. D'autres aliments que le blé peuvent avoir joué un rôle important sur le bien-être des Français lors de la révolution agricole et peuvent expliquer la fin de la corrélation entre taille et prix du blé. On pense en particulier à l'extension de la culture de la pomme de terre au cours du xixᵉ siècle, bien que dans le cas de l'Allemagne, cette innovation semble plutôt avoir une influence négative sur la taille[264]. L'évolution de la taille médiane est à mettre en parallèle avec l'augmentation de

---

261 J. BATEN, *op. cit.*, p. 108.
262 $R^2 = 0,58$.
263 $R^2 = 0,61$.
264 J. BATEN, *op. cit.*, p. 127. L'introduction de la pomme de terre, suite à la famine de 1771-1772, permettrait cependant une stabilisation précaire de la taille dans les années 1770.

la ration alimentaire moyenne des Français au cours du XIXe siècle[265]. Si la corrélation entre part des petits et prix nominaux du blé n'est plus très forte après 1834, la corrélation reste significative avec les prix réels[266]. L'influence du marché du blé sur la santé des plus pauvres est de plus en plus faible, mais il n'en reste pas moins que les plus pauvres dépendent plus longtemps du marché du blé que les Français qui bénéficient d'une aisance moyenne. Dans une période de transition entre une société de pénurie et une société d'abondance, les moins favorisés sont les derniers à profiter des progrès techniques et commerciaux. La forte augmentation des salaires réels sous le second Empire ne doit donc pas faire illusion : les conditions de vie des Français les plus pauvres sont encore très précaires pour les générations nées dans les années 1840, au point que leur santé dépende des fluctuations du prix du blé, même si ces fluctuations accusent une tendance à long terme qui est à la baisse.

Les salaires réels sont précisément un des autres facteurs sociaux qui jouent sur les données anthropométriques. La corrélation est très forte entre moyenne mobile des salaires entre 13 et 20 ans et taille médiane, surtout pour les cohortes nées entre 1804 et 1867[267]. Dans les années 1810-1820, les salaires réels baissent, la taille médiane fait de même, puis la situation s'améliore. Cette corrélation implique donc que les revenus des jeunes actifs, dès leur sortie de l'école, influent sur leur santé. Le salaire peut aider les individus à avoir non seulement une nourriture plus abondante et plus variée, mais aussi une meilleure hygiène et de meilleurs soins. Les corrélations de la taille avec le prix du blé paraissent donc plus déterminantes que celles avec le salaire pour démontrer qu'il existe une influence des apports en énergie sur la santé. Ces résultats tendent à confirmer l'hypothèse générale de J. Komlos[268] selon laquelle les apports en calories jouent un rôle important sur la santé des populations plutôt que les hypothèses de R. H. Steckel[269], qui indiquent que ce sont généralement les dépenses en énergie qui expliquent avant

---

265 J.-C. TOUTAIN, *loc. cit.*, p. 1979.

266 Dans le premier cas, sur la période 1835-1847, $R^2 = 0,21$, dans le deuxième cas, $R^2 = 0,36$. Sur la même période, la corrélation entre taille médiane et prix nominaux donne $R^2 = 0,15$ et la corrélation entre taille médiane et prix réels $R^2 = 0,17$.

267 Dans ce cas, $R^2 = 0,91$.

268 Pour une synthèse récente des hypothèses de J. KOMLOS, voir son article « Shrinking in a Growing Economy ?... », *loc. cit.*, p 779-802.

269 Sur les hypothèses de R.-H. STECKEL, voir son récent article « Strategic Ideas... », *loc. cit.*, p. 804-821.

tout les données anthropométriques. Comme le pensent Steckel et Floud dans le cas précis de la France, la corrélation entre alimentation et stature est effectivement très forte[270].

La fin de l'influence des prix du blé sur la santé des Français au milieu du xixe siècle marque le terme d'une longue période de dépendance de l'homme au prix du marché, après le xviie siècle, siècle des « grandes disettes » et après le xviiie siècle, siècle des « disettes larvées »[271]. Les xviie et xviiie siècles associaient courbe des prix et courbe de mortalité. De manière moins dramatique, la première moitié du xixe siècle associe courbe des prix et courbe des tailles. Ainsi, l'histoire anthropométrique de la France du milieu du xixe siècle, qui paraissait peu mouvementée[272], révèle en fait un changement lent et discret mais décisif. Tout se passe comme si les oscillations des prix et les oscillations du niveau de vie biologique s'inscrivaient dans un entonnoir dont la plus large extrémité se trouverait au xviie siècle. La croissance démographique de la France avant le début des années 1830 ne se fait pas sans tension avec les disponibilités alimentaires, ce qui confirmerait en partie l'idée de M. Morineau, pour qui la ration des Français reste approximativement la même de Louis XIV à Louis-Philippe[273].

2. Apports géographiques : rattrapage des régions les plus pauvres et stagnation des régions les plus riches

L'analyse géographique montre qu'entre 1796 et 1848, les écarts diminuent entre les départements de petites statures et les départements de grandes statures. On peut supposer que cette évolution marque la fin de la menace de crise malthusienne dans les régions pauvres. Celles-ci se nourrissent mieux pour plusieurs raisons : meilleures techniques

---

270 « Conclusions », *loc. cit.*, p. 434.

271 Voir J. MEUVRET, « Les crises de subsistance et la démographie de la France d'Ancien Régime », dans *Population*, 1, 1946, p. 643-650, repris dans *Études d'histoire économique*, Paris, 1971, p. 271-278. (Cahiers des Annales, 32). Les récents travaux anthropométriques de J. KOMLOS sur la France moderne confirment cette chronologie.

272 A. BIDEAU, « Les structures anthropologiques », dans *Histoire de la population française...*, op. cit., p. 271.

273 M. MORINEAU, *loc. cit.*, p. 340, p. 344. et p. 359. J.-C. TOUTAIN ne partage pas cette vision quasiment statique de l'évolution de la ration alimentaire française, voir « Food Rations in France in the Eighteenth and Early Nineteenth Centuries : a Comment », dans *The Economic History Review*, 48, 1995, p. 770-771.

culturales, meilleure organisation du marché, c'est-à-dire désenclavement des régions les plus isolées. En revanche, entre la cohorte née en 1829 et celle née en 1848, les riches régions des plaines du nord de la France connaissent une crise : la part des réformés pour défaut de taille augmente. Cette observation est à rapprocher de la crise des régions proto-industrielles à la fin des années 1860 décrite par M. Levy-Leboyer[274]. Les revenus annexes des manouvriers baissent considérablement dans les anciennes régions dynamiques et leur santé s'en ressentirait lors de leur croissance de rattrapage, vers 15-20 ans. Cette hypothèse est d'autant plus vraisemblable qu'à l'échelle nationale, la corrélation est forte entre salaires et taille.

3. Liberté, Égalité, Santé

En dernier lieu, notons le parallélisme entre les changements de conception du marché[275] et l'évolution des relations entre marché et santé. À l'époque où l'autorité publique cherche à contrôler les chertés, les excès du marché, dans un souci de maintien de l'ordre social et de bien public, on peut dire que c'est le principe d'« économie morale de la foule » (pour l'époque moderne)[276], ou, en langage contemporain, d'« égalité » qui prédomine. La police des grains cherche à imposer le « juste prix » face aux spéculateurs et accapareurs[277]. Parallèlement, la santé des Français dépend encore des prix du blé. La politique des autorités reflète donc la situation de pénurie que connaît la France depuis bien longtemps. Le contrôle du marché, outre sa dimension psychologique, avait peut-être un effet bénéfique sur la santé des Français.

Puis, au cours des deux premiers tiers du xixe siècle, l'idée de « liberté » (marché régulé par la main invisible) s'impose face à l'idée d'« égalité » (marché contrôlé par l'autorité publique). C'est dans les années 1860 que le régime impérial libéralise le marché intérieur et extérieur du blé. Or, d'après notre analyse statistique, c'est au maximum vers 1854, voire à la fin des années 1830, que les prix du blé cessent

---

274 M. LEVY-LEBOYER, *loc. cit.*, p. 26-33.

275 Voir à ce sujet S.L. KAPLAN, *op. cit.*, p. 512 ; N. BOURGUINAT, *loc. cit.*, p. 125-152.

276 L'expression, devenue classique, est due à E. P. THOMPSON, « The Moral Economy of the English Crowd in the Eigtheenth Century », dans *Past and Present*, 50, 1971, p. 71-136.

277 Voir S. L. KAPLAN, *op. cit.*, p. 499 à 512.

d'influencer la taille médiane des Français. On peut par conséquent avancer que la mesure politique de libéralisation suit l'évolution sanitaire et sociale de la France plutôt qu'elle ne la précède. Cette mesure sanctionnerait donc la prise de conscience de la fin d'une époque. L'évolution parallèle des prix et de la taille ainsi que la libéralisation du marché montrent surtout que l'on passe d'une société de pénurie à une société de relative abondance, tant dans les faits que dans les esprits.

ANNEXES

TABLE DES ANNEXES

Annexe A : *Compte rendu sur le recrutement de l'armée pendant l'année 1850*, Paris, 1852. Tableau 40.

DÉPARTEMENTS.	NOMBRE des inscrits pour marcher par les conseils de révision.	minimum de la taille.	Paris de la origin.
1	2	3	4
Ain	1,972	75	5
Aisne	2,480	87	3
Allier	2,494	176	2
Alpes (Basses-)	728	82	"
Alpes (Hautes-)	793	119	1
Ardèche	2,606	162	12
Ardennes	1,531	38	5
Ariège	1,508	111	1
Aube	1,580	47	25
Aude	1,284	83	"
Aveyron	2,134	212	6
Bouches-du-Rhône	1,507	48	"
Calvados	1,519	73	8
Cantal	1,401	117	5
Charente	1,624	177	7
Charente-Inférieure	2,236	113	"
Cher	1,654	190	"
Corrèze	1,922	280	10
Corse	976	68	0
Côte-d'Or	1,668	50	2
Côtes-du-Nord	3,397	400	21

Annexe B : *Compte rendu sur le recrutement de l'armée pendant l'année 1850*, Paris, 1852. Tableau 42.

DÉPARTEMENTS.	NOMBRE des ... par les conseils de révision.	... de taille.	... de doigts.
1	2	3	4
Marne..................	1,680	81	9
Marne (Haute-)...........	1,250	26	3
Mayenne.................	1,801	198	9
Meurthe.................	2,134	101	5
Meuse..................	1,400	56	17
Morbihan	1,879	190	8
Moselle.................	2,172	85	1
Nièvre.................	2,191	206	10
Nord..................	5,809	90	17
Oise..................	1,916	62	#
Orne..................	2,249	97	10
Pas-de-Calais...........	3,004	108	4
Puy-de-Dôme.............	3,236	402	6
Pyrénées (Basses-)........	2,128	159	7
Pyrénées (Hautes-)........	1,229	54	1
Pyrénées-Orientales........	713	64	#
Rhin (Bas-).............	2,722	89	18
Rhin (Haut-)............	2,352	118	8
Rhône.................	1,881	108	5
Saône (Haute-)...........	1,441	57	8
Saône-et-Loire...........	2,898	112	14
Sarthe.................	2,979	166	33
Seine..................	3,566	250	0

Annexe C: *Compte rendu sur le recrutement de l'armée pendant l'année 1850,* Paris, 1852. Tableau 50.

DÉPARTEMENTS					
1	2	3	4	5	6
Ain	11	80	117	170	166
Aisne	30	103	183	221	233
Allier	32	130	146	206	117
Alpes (Basses-)	6	44	57	89	34
Alpes (Hautes-)	25	44	56	57	54
Ardèche	18	83	175	190	120
Ardennes	23	62	103	144	124
Ariége	27	57	82	125	117
Aube	10	33	71	112	84
Aude	16	52	126	110	69
Aveyron	38	93	158	185	122
Bouches-du-Rhône	43	76	87	124	91
Calvados	54	92	110	172	145
Cantal	19	53	95	140	80
Charente	55	164	151	190	104
Charente-Inférieure	22	79	142	171	164
Cher	23	102	157	168	105
Corrèze	59	150	151	162	89
Corse	9	45	79	69	47
Côte-d'Or	12	50	90	140	121
Côtes-du-Nord	40	179	276	248	233
Creuse	30	70	93	153	96
Dordogne	27	164	201	208	217
Doubs	9	48	73	199	112

Annexe D : *Compte rendu sur le recrutement de l'armée pendant l'année 1850,* Paris, 1852. Tableau 52.

DÉPARTEMENTS.	de 1 mètre 500 millim. à 1 mètre 560 millim.	de 1 mètre 570 millim. à 1 mètre 597 millim.	de 1 mètre 500 millim. à 1 mètre 626 millim.	de 1 mètre 625 millim. à 1 mètre 651 millim.	de 1 mètre 652 millim. à 1 mètre 676 millim.
1	2	3	4	5	6
Maine-et-Loire	21	122	165	226	160
Manche	25	126	162	263	166
Marne	21	64	99	120	108
Marne (Haute-)	2	44	86	94	75
Mayenne	31	115	154	206	116
Meurthe	21	88	118	190	133
Meuse	23	49	77	139	132
Morbihan	19	152	194	184	100
Moselle	17	63	115	175	143
Nièvre	19	111	150	159	110
Nord	111	145	206	443	445
Oise	12	52	90	161	128
Orne	16	72	109	199	177
Pas-de-Calais	14	101	205	250	211
Puy-de-Dôme	64	145	243	293	192
Pyrénées (Basses-)	35	107	176	172	117
Pyrénées (Hautes-)	12	59	77	110	59
Pyrénées-Orientales	11	34	48	75	69
Rhin (Bas-)	16	64	135	209	201
Rhin (Haut-)	47	119	175	223	129
Rhône	28	101	177	214	127
Saône (Haute-)	5	79	132	192	131
Saône-et-Loire	37	100	190	273	223
Sarthe	33	126	162	242	190
Seine	51	226	346	402	293

Annexe E: *Compte rendu sur le recrutement de l'armée pendant l'année 1869*, Paris, 1871. Tableaux 46-47.

DÉPARTEMENTS.	JEUNES GENS qui ont été ajournés pour défaut de taille.				JEUNES GENS sur lesquels le conseil de révision a statué pour former le contingent.
	Enfants légitimes.	Enfants naturels.	Élèves des hospices.	TOTAL des col. 58, 59 et 60.	
2	58	59	60	61	67
Ain	28	"	5	33	1,826
Aisne	78	2	1	81	2,497
Allier	98	1	5	104	1,795
Alpes (Basses-)	44	1	"	45	893
Alpes (Hautes-)	57	2	6	65	847
Alpes-Maritimes	39	4	"	43	978
Ardèche	103	2	2	107	2,001
Ardennes	29	1	"	30	1,958
Ariège	57	4	1	62	1,329
Aube	19	1	"	20	1,257
Aude	46	"	1	47	1,172
Aveyron	68	3	"	71	2,6c5
Bouches-du-Rhône	70	1	"	71	2,578
Calvados	49	4	"	53	2,243
Cantal	60	3	"	63	1,289
Charente	137	2	9	148	1,915
Charente-Inférieure	71	"	1	72	1,759
Cher	69	3	"	72	1,906
Corrèze	198	11	"	209	2,133
Corse	43	2	"	45	1,393
Côte-d'Or	22	"	2	24	1,655
Côtes-du-Nord	221	3	1	225	3,401
Creuse	54	11	"	65	1,575
Dordogne	25?	5	0		

Annexe F: *Compte rendu sur le recrutement de l'armée pendant l'année 1869*, Paris, 1871. Tableaux 48-49.

DÉPARTEMENTS	58	59	60	61		67
Report...............	3,826	145	67	4,038	5	87,755
Lot..................	87	1	"	88		1,413
Lot-et-Garonne........	70	"	"	70		1,212
Lozère...............	43	2	1	46		838
Maine-et-Loire........	77	1	2	80		2,389
Manche...............	160	4	1	165		2,816
Marne................	43	"	3	46		1,721
Marne (Haute-)........	14	"	1	15		1,113
Mayenne..............	82	2	"	84		1,885
Meurthe..............	67	6	2	75		2,273
Meuse................	45	2	"	47		1,476
Morbihan.............	135	"	3	138		2,666
Moselle..............	39	"	"	39		3,157
Nièvre...............	47	5	6	58		1,820
Nord.................	129	4	1	134		5,454
Oise.................	48	1	"	49		2,310
Orne.................	70	1	1	72		2,045
Pas-de-Calais........	85	8	6	99		3,347
Puy-de-Dôme..........	230	9	2	241		2,929
Pyrénées (Basses-)...	72	2	"	74		2,078
Pyrénées (Hautes-)...	32	2	"	34		1,115
Pyrénées-Orientales..	41	"	"	41		915
Rhin (Bas-)						

125

Annexe G : *Compte rendu sur le recrutement de l'armée pendant l'année 1869*, Paris, 1871. Tableau 64.

DÉPARTEMENTS.				
1	2	3	4	5
Ain	46	89	142	178
Aisne	82	173	271	295
Allier	93	150	221	228
Alpes (Basses-)	24	52	77	88
Alpes (Hautes-)	43	47	76	63
Alpes-Maritimes	41	60	76	99
Ardèche	85	172	209	254
Ardennes	30	69	136	148
Ariége	55	107	131	132
Aube	30	60	108	143
Aude	65	146	151	157
Aveyron	70	146	198	219
Bouches-du-Rhône	58	118	197	230
Calvados	61	127	219	196
Cantal	62	100	109	148
Charente	77	169	213	204
Charente-Inférieure	101	150	221	204
Cher	76	120	177	212
Corrèze	131	156	216	185
Corse	42	73	95	103
Côte-d'Or	54	82	160	191
Côtes-du-Nord	143	282	301	301
Creuse	54	102	107	181
Dordogne	109	254	306	270
Doubs	26	62	116	145
Drôme	53	138	153	172
Eure	53	93	172	187
Eure-et-Loir	56	101	145	164
Finistère	111	198	207	282
Gard	81	124	199	243
Garonne (Haute-)	98	173	231	211

126

Annexe H: *Compte rendu sur le recrutement de l'armée pendant l'année 1869*, Paris, 1871. Tableau 66.

DÉPARTEMENTS.				
Report..........	3,490	6,194	8,874	9,112
Maine-et-Loire......................	77	186	260	286
Manche...........................	120	191	253	246
Meuse............................	51	92	189	194
Marne (Haute-)...................	36	75	114	144
Mayenne..........................	337	292	186	140
Meurthe..........................	52	102	162	205
Meuse............................	44	93	120	148
Morbihan.........................	135	210	256	220
Moselle...........................	55	136	191	180
Nièvre............................	95	163	205	195
Nord.............................	113	287	464	611
Oise..............................	54	99	156	203
Orne.............................	59	144	161	196
Pas-de-Calais.....................	130	244	304	384
Puy-de-Dôme......................	154	270	321	289
Pyrénées (Basses-)................	84	137	164	181
Pyrénées (Hautes-)................	38	65	113	107
Pyrénées-Orientales...............	57	80	105	98
Rhin (Bas-).......................	150	90	95	382
Rhin (Haut-)......................	62	162	229	267
Rhône............................	105	173	258	267
Saône (Haute-)....................	45	69	133	180
Saône-et-Loire....................	963	397	48	156
Sarthe............................	170	122	196	225
Savoie............................	46	79	121	153
Savoie (Haute-)...................	33	68	123	154
Seine.............................	269	393	684	824
Seine-Inférieure..................	112	228	319	359
Seine-et-Marne...................	49	117	149	174
Seine-et-Oise.....................	60	115	218	235
Sèvres (Deux-)....................	93	154	207	164

Tableau A : Résidus des analyses de corrélation linéaire entre la production de lait par habitant (1840) et la proportion de grands (plus de 167 cm, 1874) d'après J. Baten (aimablement communiqué par l'auteur).

Départements	(1)	(2)
Ain	8,75	11,92
Aisne	2,16	-3,86
Allier	1,43	1,48
Alpes (Basses)	-4,62	-4,40
Alpes (Hautes)	-8,95	-8,06
Ardèche	-10,73	-9,85
Ardennes	10,75	4,69
Ariège	4,10	7,85
Aube	16,27	9,37
Aude	-0,80	-2,57
Aveyron	8,78	12,34
Bouches-du-Rhône	6,06	6,86
Calvados	-30,69	-27,20
Cantal	-16,47	-12,41
Charente	0,36	-2,26
Charente-Inférieure	0,96	-1,90
Cher	6,35	5,11
Corrèze	-2,90	-3,80
Côte-d'Or	13,16	11,66
Côtes-du-Nord	-18,92	-13,88
Creuse	-1,56	-1,23
Dordogne	-0,69	1,36
Doubs	2,19	6,61
Drôme	1,93	2,71
Eure	16,40	14,28
Eure-et-Loir	-0,93	-0,49
Finistère	-8,96	-4,19
Gard	-4,75	-6,79
Garonne (Haute)	-4,96	-0,93
Gers	1,30	5,64
Gironde	-20,97	-18,85
Hérault	-8,52	-10,24
Ille-et-Vilaine	-13,59	-6,23
Indre	2,28	0,36
Indre-et-Loire	-0,47	-1,54
Isère	4,59	7,08
Jura	9,67	12,07
Landes	-4,98	-3,06
Loir-et-Cher	-1,71	-2,89
Loire	4,27	6,19

Départements	(1)	(2)
Loire (Haute)	-2,83	-2,26
Loire-Inférieure	-16,55	-18,42
Loiret	-1,07	-0,20
Lot-2,26	1,07	
Lot-et-Garonne	-4,23	-1,96
Lozère	-8,33	-9,25
Maine-et-Loire	6,57	5,03
Manche	-29,25	-29,59
Marne	5,39	-1,31
Marne (Haute)	10,09	2,31
Mayenne	1,13	-1,27
Meurthe-et-Moselle	0,59	1,96
Meuse	8,63	9,32
Morbihan	-8,06	-2,13
Nièvre	3,94	1,87
Nord	-3,62	2,42
Oise	12,24	6,30
Orne	-3,05	-1,90
Pas-de-Calais	-2,48	0,89
Puy-de-Dôme	-6,39	-5,96
Pyrénées (Basses)	-11,79	-9,28
Pyrénées (Hautes)	0,69	4,78
Pyrénées-Orientales	-2,65	-4,73
Rhin (Haut)	6,79	13,74
Rhône	0,51	2,75
Saône (Haute)	9,78	11,01
Saône-et-Loire	15,70	13,40
Sarthe	7,81	5,75
Seine	-0,59	-10,61
Seine-Inférieure	-9,59	-9,63
Seine-et-Marne	15,29	5,44
Seine-et-Oise	13,67	3
Sèvres (Deux)	3,69	2,85
Somme	1,46	-4,69
Tarn	5,13	9,53
Tarn-et-Garonne	-2,37	2,12
Var 11,40	11,57	
Vaucluse	6,01	6,25
Vendée	-0,71	-2,43
Vienne	6,27	3,82
Vienne (Haute)	-8,77	-9,19
Vosges	4,97	6,76
Yonne	11,24	9,88

(1) Résidus de la corrélation linéaire entre la proportion des grands en 1874 (plus de 167 cm) et la production de lait par habitant en 1840.
(2) = (1) corrigés des salaires réels en 1862.

Tableau B: Évolution anthropométrique de la population masculine française des classes nées en 1814-1847 et moyenne mobile des prix nominaux annuels du froment (0-3ans et 19-20 ans)

(1)	(2)	(3)	(4)	(5)	(6)	(7)
1814	8,42	100,00	4,25	100,00	22,27	100,00
1815	8,31	98,69	4,25	100,00	23,19	104,15
1816	8,28	98,34	4,25	100,00	23,35	104,87
1817	7,92	94,06	4,21	99,06	22,37	100,46
1818	7,58	90,02	4,41	103,76	19,67	88,35
1819	7,18	85,27	4,48	105,41	18,75	84,19
1820	7,84	93,11	4,34	102,12	18,99	85,26
1821	7,27	86,34	4,39	103,29	17,90	80,39
1822	7,40	87,89	4,34	102,12	17,18	77,14
1823	7,06	83,85	4,43	104,24	17,56	78,85
1824	6,80	80,76	4,47	105,18	17,71	79,51
1825	6,76	80,29	4,46	104,94	18,56	83,33
1826	6,72	79,81	4,51	106,12	20,41	91,68
1827	8,58	101,9	4,25	100,00	23,05	103,50
1828	7,06	83,85	4,35	102,35	22,46	100,88
1829	6,67	79,22	4,48	105,41	20,16	90,53
1830	6,23	73,99	4,54	106,82	18,78	84,32
1831	5,96	70,78	4,61	108,47	17,44	78,31
1832	6,18	73,40	4,58	107,76	16,78	75,36
1833	5,60	66,51	4,67	109,88	17,34	77,89
1834	6,89	81,83	4,39	103,29	19,59	87,99
1835	6,30	74,82	4,43	104,24	21,46	96,37
1836	6,38	75,77	4,52	106,35	22,93	102,97
1837	6,12	72,68	4,54	106,82	22,86	102,65
1838	5,86	69,60	4,59	108,00	20,53	92,18
1839	5,95	70,67	4,59	108,00	19,26	86,50
1840	5,70	67,70	4,65	109,41	19,56	87,85
1841	5,60	66,51	4,71	110,82	20,52	92,13
1842	5,57	66,15	4,74	111,53	21,22	95,28
1843	5,89	69,95	4,72	111,06	21,17	95,08
1844	5,45	64,73	4,77	112,24	21,65	97,25
1845	5,11	60,69	4,73	111,29	20,58	92,40
1846	4,05	48,10	4,77	112,24	20,18	90,64
1847	4,10	48,69	4,94	116,24	20,19	90,68

(1) Année de naissance de la classe.
(2) Pourcentage de réformés pour défaut de taille (moins de 1,56 m).
(3) Indice des réformés pour défaut de taille (100 en 1814).
(4) Taille médiane de la classe (cm > 160) d'après D.R. WEIR, *loc. cit.*
(5) Indice de la taille médiane (100 en 1814).
(6) Prix moyen du froment de l'année de naissance à 3 ans et de 19 à 20 ans (en francs par hectolitre) d'après Labrousse et *alii, op. cit.*
(7) Indice de la moyenne mobile du prix nominal du froment pour les mêmes âges (100 en 1814-1817 et 1833-1834).

Tableau C: Résidus des analyses de corrélation linéaire entre les données anthropométriques et la moyenne mobile du prix nominal du froment (0-3 ans et 19-20 ans).

(1)	(2)	(3)	(4)	(5)
1814	6,32	0,94	-0,05	-0,58
1815	1,98	0,30	-0,01	-0,1
1816	1,11	0,17	0	-0,02
1817	0,05	0,01	-0,08	-1
1818	4,85	0,72	0	-0,04
1819	3,13	0,47	0,03	0,31
1820	10,18	1,52	-0,10	-1,22
1821	6,97	1,04	-0,10	-1,19
1822	10,89	1,62	-0,18	-2,16
1823	5,60	0,84	-0,08	-0,9
1824	2,03	0,30	-0,03	-0,36
1825	-1,23	-0,18	0	-0,03
1826	-7,79	-1,16	0,13	1,53
1827	5,67	0,85	-0,01	-0,17
1828	-10,46	-1,56	0,06	0,70
1829	-7,55	-1,13	0,09	1,04
1830	-8,25	-1,30	0,09	1,03
1831	-7,07	-1,05	0,10	1,16
1832	-2,30	-0,34	0,04	0,47
1833	-11,04	-1,64	0,15	1,82
1834	-3,09	-0,46	-0,03	-0,31

(1) Année de naissance de la classe.
(2) Résidus de l'analyse de corrélation linéaire entre la proportion de réformés pour défaut de taille et la moyenne mobile des prix annuels nominaux du froment (0-3 ans et 19-20 ans).
(3) Résidus normalisés.
(4) Résidus de l'analyse de corrélation linéaire entre la taille médiane et la moyenne mobile des prix annuels nominaux du froment (0-3 ans et 19-20 ans).
(5) Résidus normalisés.

Tableaux D :

D1 Résidus de l'analyse de corrélation entre la moyenne des prix réels du blé et les données anthropométriques, cohortes de naissance 1814-1834.

(1)	(2)	(3)	(4)
8,72	1,37	-1,92	-1,01
3,93	0,62	-0,82	-0,43
2,78	0,44	-0,57	-0,30
1,10	0,17	-2,33	-1,23
5,44	0,85	-0,26	-0,14
3,41	0,53	0,53	0,28
10,24	1,60	-2,45	-1,30
5,47	0,86	-1,90	-1,01
7,60	1,19	-3,26	-1,73
0,50	0,08	-0,18	-0,10
-2,50	-0,39	0,73	0,39
-4,38	-0,69	0,94	0,50
-11,03	-1,73	4,06	2,15
3,41	0,53	0,36	0,19
-12,24	-1,92	1,96	1,04
-7,76	-1,22	2,14	1,13
-6,35	-0,99	1,46	0,77
-3,97	-0,62	1,35	0,71
1,40	0,22	-0,23	-0,12
-7,21	-1,13	2,43	1,29
1,43	0,22	-2,05	-1,09

(1) Résidus de l'analyse de corrélation entre part des petits et prix du blé sur la période 1814-1834 ($R^2 = 0,58$).
(2) *Idem,* résidus normalisés.
(3) Résidus de l'analyse de corrélation entre taille médiane et prix du blé, même période ($R^2 = 0,61$).
(4) *Idem,* résidus normalisés.

D2 Résidus de l'analyse de corrélation entre la moyenne des prix réels du blé et part des petits, cohortes de naissance 1835-1847.

(1)	(2)
6,84	0,98
1,47	0,21
0,03	0
7,48	1,07
12,85	1,84
4,56	0,65
-1,53	-0,22
-4,15	-0,60
1,42	0,20
-4,11	-0,59
-2,81	-0,40
-12,14	-1,74
-9,91	-1,42

(1) Résidus de l'analyse de corrélation entre part des petits et prix du blé sur la période 1835-1847 ($R^2 = 0,36$).
(2) Résidus normalisés.

Tableau E : Taille médiane des recrues et salaires horaires réels (de 13 à 20 ans), cohortes de naissances 1804-1867.

(1)	(2)	(3)	(4)	(5)
1804	0,171	3,95	100	100
1805	0,170	3,98	99,27	100,76
1806	0,168	4,27	98,18	108,10
1807	0,165	4,33	96,35	109,62
1808	0,163	4,22	95,26	106,84
1809	0,162	4,16	94,53	105,32
1810	0,162	4,12	94,53	104,30
1811	0,163	4,07	95,26	103,04
1812	0,166	4,17	96,72	105,57
1813	0,169	4,12	98,91	104,30
1814	0,173	4,25	101,09	107,59
1815	0,178	4,25	104,01	107,59
1816	0,183	4,25	106,93	107,59
1817	0,187	4,21	109,12	106,58
1818	0,189	4,41	110,58	111,65
1819	0,190	4,48	110,95	113,42
1820	0,191	4,34	111,31	109,87
1821	0,189	4,39	110,22	111,14
1822	0,186	4,34	108,76	109,87
1823	0,183	4,43	106,57	112,15
1824	0,181	4,47	105,84	113,16
1825	0,181	4,46	105,47	112,91
1826	0,180	4,51	105,11	114,18
1827	0,180	4,25	105,11	107,59
1828	0,179	4,35	104,74	110,13
1829	0,181	4,48	105,47	113,42
1830	0,184	4,54	107,30	114,94
1831	0,188	4,61	109,85	116,71
1832	0,189	4,58	110,58	115,95
1833	0,191	4,67	111,31	118,23
1834	0,192	4,39	112,04	111,14
1835	0,194	4,43	113,14	112,15
1836	0,196	4,52	114,23	114,43
1837	0,197	4,54	114,96	114,94
1838	0,198	4,59	115,69	116,20
1839	0,199	4,59	116,42	116,20
1840	0,201	4,65	117,15	117,72
1841	0,202	4,71	117,88	119,24
1842	0,204	4,74	118,98	120

(1)	(2)	(3)	(4)	(5)
1843	0,205	4,72	119,71	119,49
1844	0,206	4,77	120,44	120,76
1845	0,208	4,73	121,53	119,75
1846	0,209	4,77	122,26	120,76
1847	0,211	4,94	122,99	125,06
1848	0,213	4,70	124,09	118,99
1849	0,217	4,75	126,64	120,25
1850	0,218	5,13	127,37	129,87
1851	0,219	5,04	128,10	127,59
1852	0,221	5,16	128,83	130,63
1853	0,222	5,25	129,56	132,91
1854	0,223	5,29	129,93	133,92
1855	0,224	5,36	130,66	135,70
1856	0,225	5,33	131,39	134,94
1857	0,226	5,25	132,12	132,91
1858	0,228	5,27	133,21	133,42
1859	0,229	5,45	133,94	137,97
1860	0,231	5,47	134,67	138,48
1861	0,233	5,47	135,77	138,48
1862	0,234	5,43	136,86	137,47
1863	0,236	5,37	137,59	135,95
1864	0,238	5,39	138,69	136,46
1865	0,239	5,36	139,78	135,70
1866	0,241	5,37	140,88	135,95
1867	0,243	5,29	141,97	133,92

(1) Années de naissance.
(2) Moyenne mobile des salaires horaires réels en francs (13-20 ans) d'après J. FOURASTIÉ, *op. cit.*
(3) Taille médiane (cm > 160) d'après D.R. WEIR, *loc. cit.*
(4) Indice des salaires horaires réels (100 pour 1817-1824).
(5) Indice de la taille médiane (100 pour 1804).

Tableau F: Résidus des analyses de corrélation linéaire entre la taille médiane et la moyenne mobile des salaires réels (de 13 à 20 ans) pour les cohortes nées entre 1804 et 1867.

(1)	(2)	(3)	(1)	(2)	(3)
1804	-0,23	-1,74	1836	-0,11	-0,8
1805	-0,18	-1,35	1837	-0,11	-0,82
1806	0,14	1,05	1838	-0,08	-0,62
1807	0,26	1,92	1839	-0,11	-0,79
1808	0,18	1,36	1840	-0,07	-0,51
1809	0,15	1,08	1841	-0,03	-0,24
1810	0,11	0,79	1842	-0,04	-0,27
1811	0,03	0,25	1843	-0,08	-0,58
1812	0,09	0,65	1844	-0,05	-0,38
1813	-0,03	-0,23	1845	-0,13	-0,93
1814	0,03	0,23	1846	-0,11	-0,8
1815	-0,06	-0,44	1847	0,04	0,29
1816	-0,15	-1,12	1848	-0,24	-1,74
1817	-0,26	-1,92	1849	-0,26	-1,96
1818	-0,1	-0,77	1850	0,09	0,68
1819	-0,05	-0,34	1851	-0,02	-0,15
1820	-0,2	-1,46	1852	0,08	0,57
1821	-0,11	-0,84	1853	0,14	1,07
1822	-0,12	-0,87	1854	0,17	1,28
1823	0,04	0,3	1855	0,22	1,63
1824	0,1	0,77	1856	0,17	1,24
1825	0,1	0,78	1857	0,06	0,48
1826	0,17	1,23	1858	0,05	0,37
1827	-0,09	-0,7	1859	0,21	1,54
1828	0,02	0,13	1860	0,2	1,52
1829	0,12	0,92	1861	0,17	1,27
1830	0,13	0,95	1862	0,1	0,72
1831	0,12	0,88	1863	0,01	0,1
1832	0,07	0,49	1864	0	0
1833	0,13	0,98	1865	-0,06	-0,48
1834	-0,17	-1,26	1866	-0,09	-0,66
1835	-0,16	-1,22	1867	-0,2	-1,5

(1) Années de naissance.
(2) Résidus.
(3) Résidus normalisés.

Tableau G : Taille moyenne des jeunes Français nés entre 1796 et 1806.

Départements	(1)	(2)	(3)	(4)
Ain	1652	1665	-0,79	-1,3
Aisne	1675	1681	-0,36	-0,6
Allier	1643	1641	0,12	0,2
Alpes (Basses)	1644	1647	-0,18	-0,3
Alpes (Hautes)	1634	1653	-1,16	-1,9
Ardèche	1642	1662	-1,22	-2
Ardennes	1686	1671	0,89	1,5
Ariège	1665	1654	0,66	1,1
Aube	1652	1660	-0,48	-0,8
Aude	1647	1651	-0,24	-0,4
Aveyron	1662	1659	0,18	0,3
Bouches-du-Rhône	1666	1673	-0,42	-0,7
Calvados	1672	1666	0,36	0,6
Cantal	1641	1647	-0,37	-0,6
Charente	1674	1650	1,43	2,4
Charente-Inférieure	1657	1663	-0,36	-0,6
Cher	1636	1654	-1,10	-1,8
Corrèze	1648	1643	0,3	0,5
Corse	1661	1653	0,48	0,8
Côte-d'Or	1682	1676	0,36	0,6
Côtes-du-Nord	1639	1639	0	0
Creuse	1653	1651	0,12	0,2
Dordogne	1643	1644	-0,06	-0,1
Doubs	1678	1689	-0,66	-1,1
Drôme	1661	1661	0	0
Eure	1689	1664	1,48	2,5
Eure-et-Loir	1676	1678	-0,12	-0,2
Finistère	1641	1630	0,67	1,1
Gard	1668	1659	0,54	0,9
Garonne (Haute)	1636	1646	-0,61	-1
Gers	1676	1674	0,12	0,2
Gironde	1655	1656	-0,06	-0,1
Hérault	1663	1676	-0,78	-1,3
Ille-et-Vilaine	1633	1643	-0,61	-1
Indre	1647	1648	-0,06	-0,1
Indre-et-Loire	1636	1653	-1,04	-1,7
Isère	1660	1661	-0,06	-0,1
Jura	1682	1683	-0,06	-0,1
Landes	1650	1641	0,55	0,9
Loir-et-Cher	1640	1651	-0,67	-1,1
Loire	1659	1669	-0,60	-1
Loire (Haute)	1660	1657	0,18	0,3
Loire-Inférieure	1665	1665	0	0
Loiret	1671	1664	0,42	0,7

137

Départements	(1)	(2)	(3)	(4)
Lot	1669	1645	1,44	2,4
Lot-et-Garonne	1653	1646	0,42	0,7
Lozère	1644	1651	-0,43	-0,7
Maine-et-Loire	1655	1655	0	0
Manche	1676	1670	0,36	0,6
Marne	1672	1673	-0,06	-0,1
Marne (Haute)	1650	1665	-0,91	-1,5
Mayenne	1656	1646	0,60	1
Meurthe	1665	1673	-0,48	-0,8
Meuse	1672	1669	0,18	0,3
Morbihan	1637	1638	-0,06	-0,1
Moselle	1668	1677	-0,54	-0,9
Nièvre	1663	1663	0	0
Nord	1698	1687	0,65	1,1
Oise	1663	1668	-0,30	-0,5
Orne	1683	1667	0,95	1,6
Pas-de-Calais	1676	1670	0,36	0,6
Puy-de-Dôme	1625	1651	-1,60	-2,6
Pyrénées (Basses)	1653	1647	0,36	0,6
Pyrénées (Hautes)	1655	1666	-0,66	-1,1
Pyrénées-Orientales	1654	1652	0,12	0,2
Rhin (Bas)	1683	1672	0,65	1,1
Rhin (Haut)	1675	1664	0,66	1,1
Rhône	1689	1678	0,65	1,1
Saône (Haute)	1684	1679	0,30	0,5
Saône-et-Loire	1663	1669	-0,36	-0,6
Sarthe	1645	1648	-0,18	-0,3
Seine	1675	1677	-0,12	-0,2
Seine-Inférieure	1684	1685	-0,06	-0,1
Seine-et-Marne	1670	1666	0,24	0,4
Seine-et-Oise	1666	1666	0	0
Sèvres (Deux)	1654	1666	-0,73	-1,2
Somme	1682	1607	4,46	7,5
Tarn	1649	1663	-0,85	-1,4
Tarn-et-Garonne	1650	1659	-0,55	-0,9
Var	1667	1666	0,06	0,1
Vaucluse	1656	1665	-0,54	-0,9
Vendée	1658	1653	0,30	0,5
Vienne	1645	1658	-0,79	-1,3
Vienne (Haute)	1640	1644	-0,24	-0,4
Vosges	1655	1674	-1,15	-1,9
Yonne	1665	1664	0,06	0,1

(1) Taille moyenne de la population recrutable de 1816-1819 en millimètres.
(2) Taille moyenne des conscrits de 1819-1826 d'après J.-P. Aron, P. Dumont et E. Le Roy Ladurie en millimètres, *op. cit.*
(3) = (1) – (2) en pourcentage.
(4) = (1) – (2) en valeur absolue (cm).

Tableau H: Examinés et réformés pour défaut de taille des classes nées en 1799-1806, d'après J.-P. Aron, P. Dumont et E. Le Roy Ladurie.

Départements	(1)	(2)	(3)
Ain	3 508	471	13,43
Aisne	20 302	1 945	9,58
Allier	11 028	2 943	26,69
Alpes (Basses)	4 234	691	16,32
Alpes (Hautes)	3 818	795	20,82
Ardèche	8 662	1 901	21,95
Ardennes	6 740	612	9,08
Ariège	6 528	1 157	17,72
Aube	6 756	943	13,96
Aude	7 849	1 317	16,78
Aveyron	9 815	1 642	16,73
Bouches-du-Rhône	10 234	834	8,15
Calvados	15 400	1 523	9,89
Cantal	6 447	1 045	16,21
Charente	11 349	2 095	18,46
Charente-Inférieure	10 681	1 504	14,08
Cher	8 485	1 698	20,01
Corrèze	9 663	2 490	25,77
Corse	5 374	864	16,08
Côte-d'Or	12 958	1 554	11,99
Côtes-du-Nord	16 246	3 965	24,41
Creuse	6 773	1 436	21,2
Dordogne	13 989	2 826	20,2
Doubs	2 826	184	6,51
Drôme	7 852	1 170	14,9
Eure	13 629	1 690	12,4
Eure-et-Loir	8 088	1 028	12,71
Finistère	13 202	3 434	26,01
Gard	10 422	1 184	11,36
Garonne (Haute)	12 893	2 074	16,09
Gers	6 880	727	10,57
Gironde	12 707	1 828	14,39
Hérault	9 076	1 345	14,82
Ille-et-Vilaine	14 156	2 526	17,84
Indre	8 241	1 646	19,97
Indre-et-Loire	9 664	2 013	20,83
Isère	17 484	2 370	13,56
Jura	6 956	720	10,35
Landes	9 784	1 861	19,02
Loir-et-Cher	8 078	1 393	17,24
Loire	11 687	2 012	17,22
Loire (Haute)	8 178	1 654	20,22
Loire-Inférieure	10 827	1 440	13,3
Loiret	7 299	1 251	17,14

Départements	(1)	(2)	(3)
Lot	8 515	1 622	19,05
Lot-et-Garonne	9 842	1 326	13,47
Lozère	5 050	1 025	20,3
Maine-et-Loire	12 386	1 490	12,03
Manche	14 085	1 763	12,52
Marne	11 168	1 166	10,44
Marne (Haute)	8 851	870	9,83
Mayenne	12 055	2 494	20,69
Meurthe	15 411	1 762	11,43
Meuse	8 481	797	9,4
Morbihan	9 821	2 030	20,67
Moselle	10 966	992	9,05
Nièvre	7 740	1 211	15,65
Nord	26 523	2 284	8,61
Oise	11 824	854	7,22
Orne	12 356	1 777	14,38
Pas-de-Calais	17 743	1 580	8,9
Puy-de-Dôme	14 764	3 475	23,54
Pyrénées (Basses)	11 876	1 498	12,61
Pyrénées (Hautes)	8 764	1 220	13,92
Pyrénées-Orientales	3 287	476	14,48
Rhin (Bas)	17 308	1 466	8,47
Rhin (Haut)	9 147	1 174	12,83
Rhône	12 242	1 359	11,1
Saône (Haute)	7 692	810	10,53
Saône-et-Loire	16 482	2 384	14,46
Sarthe	15 214	3 267	21,47
Seine	24 057	2 071	8,61
Seine-Inférieure	25 173	2 455	9,75
Seine-et-Marne	11 390	1 301	11,42
Seine-et-Oise	16 338	1 399	8,56
Sèvres (Deux)	8 309	1 143	13,76
Somme	14 969	1 392	9,3
Tarn	5 235	1 143	21,83
Tarn-et-Garonne	6 817	962	14,11
Var	6 585	780	11,85
Vaucluse	5 848	541	9,25
Vendée	1 595	264	16,55
Vienne	4 885	714	14,62
Vienne (Haute)	4 693	1 367	29,13
Vosges	15 551	2 116	13,61
Yonne	12 417	1 943	15,65
Total national	**910 223**	**131 564**	**14,45**

(1) Nombre de conscrits examinés pour les classes nées en 1799-1806.
(2) Nombre de conscrits réformés pour défaut de taille (moins de 157 cm) des mêmes classes.
(3) = ((2) / (1)) x 100

Tableau I : Examinés et proportion des petits (moins de 157 cm) de la classe née en 1829.

Départements	(1)	(2)	(3)	(4)	(5)
Ain	1 972	75	11	4,36	9,07
Aisne	2 480	87	30	4,72	4,86
Allier	2 494	176	33	8,38	18,31
Alpes (Basses)	728	82	6	12,09	4,23
Alpes (Hautes)	793	119	25	18,16	2,66
Ardèche	2 006	162	18	8,97	12,98
Ardennes	1 331	28	23	3,83	5,25
Ariège	1 398	111	27	9,87	7,85
Aube	1 380	47	10	4,13	9,83
Aude	1 284	83	16	7,71	9,07
Aveyron	2 134	212	38	11,72	5,01
Bouches-du-Rhône	1 507	68	43	7,37	0,78
Calvados	1 810	73	54	7,02	2,87
Cantal	1 401	117	19	9,71	6,5
Charente	1 624	177	55	14,29	4,17
Charente-Inférieure	2 226	113	22	6,06	8,02
Cher	1 654	190	23	12,88	7,13
Corrèze	1 922	289	59	18,11	7,66
Corse	970	68	9	7,94	8,14
Côte-d'Or	1 688	50	12	3,67	8,32
Côtes-du-Nord	3 397	400	49	13,22	11,19
Creuse	1 607	150	30	11,2	10
Dordogne	3 202	285	27	9,74	10,46
Doubs	1 334	19	8	2,02	4,49
Drôme	1 307	59	23	6,27	8,63
Eure	1 915	104	20	6,48	5,92
Eure-et-Loir	1 462	79	35	7,8	4,91
Finistère	3 377	410	19	12,7	13,31
Gard	1 404	65	45	7,83	3,53
Garonne (Haute)	2 210	158	38	8,87	7,22
Gers	1 382	75	27	7,38	3,19
Gironde	2 151	158	43	9,34	5,05
Hérault	1 413	87	17	7,36	7,46
Ille-et-Vilaine	2 475	208	45	10,22	7,62
Indre	1 872	187	16	10,84	9,13
Indre-et-Loire	1 845	148	22	9,21	11,62
Isère	2 953	185	30	7,28	6,28
Jura	1 339	38	12	3,73	6,62
Landes	1 408	167	34	14,28	4,74
Loir-et-Cher	1 630	93	25	7,24	10
Loire	2 319	175	34	9,01	8,21
Loire (Haute)	1 892	132	24	8,25	11,97
Loire-Inférieure	1 877	98	36	7,14	6,16
Loiret	1 582	111	3	7,21	9,93
Lot	1 685	218	28	14,6	4,45

Départements	(1)	(2)	(3)	(4)	(5)
Lot-et-Garonne	1 409	117	38	11	2,47
Lozère	894	135	13	16,55	3,75
Maine-et-Loire	2 345	159	21	7,68	4,35
Manche	2 847	156	25	6,36	6,16
Marne	1 680	81	21	6,07	4,37
Marne (Haute)	1 250	26	2	2,24	7,59
Mayenne	1 801	198	31	12,72	7,97
Meurthe	2 134	101	21	5,72	5,71
Meuse	1 400	56	23	5,64	3,76
Morbihan	1 879	190	19	11,12	9,55
Moselle	2 172	85	17	4,7	4,35
Nièvre	2 191	206	19	10,27	5,38
Nord	5 809	99	111	3,62	4,99
Oise	1 916	62	12	3,86	3,36
Orne	2 249	97	16	5,02	9,36
Pas-de-Calais	3 004	108	14	4,06	4,84
Puy-de-Dôme	3 236	402	64	14,4	9,14
Pyrénées (Basses)	2 128	159	35	9,12	3,49
Pyrénées (Hautes)	1 229	54	12	5,37	8,55
Pyrénées-Orientales	713	64	11	10,52	3,96
Rhin (Bas)	2 722	89	16	3,86	4,61
Rhin (Haut)	2 352	118	47	7,02	5,81
Rhône	1 881	108	28	7,23	3,87
Saône (Haute)	1 441	57	5	4,3	6,23
Saône-et-Loire	2 898	112	37	5,14	9,32
Sarthe	2 979	166	33	6,68	14,79
Seine	3 566	250	51	8,44	0,17
Seine-Inférieure	3 672	187	4	5,2	4,55
Seine-et-Marne	1 427	64	7	4,98	6,44
Seine-et-Oise	1 947	83	7	4,62	3,94
Sèvres (Deux)	1 369	63	25	6,43	7,33
Somme	2 498	127	13	5,6	3,7
Tarn	1 695	147	32	10,56	11,27
Tarn-et-Garonne	1 275	87	2	6,98	7,13
Var	1 247	85	133	17,48	-5,63
Vaucluse	956	43	4	4,92	4,33
Vendée	1 735	77	20	5,59	10,96
Vienne	1 816	124	14	7,6	7,02
Vienne (Haute)	1 847	275	48	17,49	11,64
Vosges	2 386	128	33	6,75	6,86
Yonne	1 713	91	17	6,3	9,35
Total national	**167 548**	**11 172**	**2324**	**8,06**	**6,4**

(1) Nombre d'individus examinés pour la classe née en 1829.
(2) Nombre d'individus réformés pour défaut de taille(moins de 156 cm) nés en 1829.
(3) Nombre d'individus mesurant entre 156 et 156,9 cm nés en 1829.
(4) Proportion d'individus mesurant moins de 157 cm = $(((2)+(3))/(1)) \times 100$.
(5) = (4) – (3) du tableau H (= écart entre la proportion des petits nés en 1799-1806 et celle de ceux nés en 1829.)

Tableau J: Effectifs et proportion des petits (moins de 157 cm) de la classe née en 1848.

Départements	(1)	(2)	(3)	(4)	(5)	(6)
Ain	1826	33	46	4,33	0,5	3,83
Aisne	2497	81	82	6,53	0,66	5,87
Allier	1795	104	93	10,97	1,04	9,93
Alpes (Basses)	893	45	24	7,73	0,54	7,19
Alpes (Hautes)	847	65	43	12,75	1,02	11,73
Alpes-Maritimes	978	43	41	8,59	0,84	7,75
Ardèche	2001	107	85	9,60	0,85	8,75
Ardennes	1958	30	30	3,06	0,31	2,75
Ariège	1329	62	55	8,80	0,83	7,97
Aube	1257	20	30	3,98	0,48	3,5
Aude	1172	47	65	9,56	1,11	8,45
Aveyron	2685	71	70	5,25	0,52	4,73
Bouches-du-Rhône	2578	71	58	5	0,45	4,55
Calvados	2243	53	61	5,08	0,54	4,54
Cantal	1289	63	62	9,70	0,96	8,74
Charente	1915	148	77	11,75	0,8	10,95
Charente-Inférieure	1759	72	101	9,84	1,15	8,69
Cher	1996	72	76	7,41	0,76	6,65
Corrèze	2133	209	131	15,94	1,23	14,71
Corse	1393	45	42	6,25	0,6	5,65
Côte-d'Or	1655	24	54	4,71	0,65	4,06
Côtes-du-Nord	3401	225	143	10,82	0,84	9,98
Creuse	1575	65	54	7,56	0,69	6,87
Dordogne	3048	266	169	14,27	1,11	13,16
Doubs	1540	27	26	3,44	0,34	3,1
Drôme	1946	61	53	5,86	0,54	5,32
Eure	2194	62	53	5,24	0,48	4,76
Eure-et-Loir	1362	63	56	8,74	0,82	7,92
Finistère	3660	231	111	9,34	0,61	8,73
Gard	2161	90	81	7,91	0,75	7,16
Garonne (Haute)	2201	79	98	8,04	0,89	7,15
Gers	1253	57	61	9,42	0,97	8,45
Gironde	3044	162	120	9,26	0,79	8,47
Hérault	1824	77	53	7,13	0,58	6,55
Ille-et-Vilaine	3092	204	179	12,39	1,16	11,23
Indre	1409	41	49	6,39	0,7	5,69
Indre-et-Loire	1605	59	71	8,10	0,88	7,22
Isère	2865	84	104	6,56	0,73	5,83

Départements	(1)	(2)	(3)	(4)	(5)	(6)
Jura	1560	31	20	3,27	0,26	3,01
Landes	1892	167	97	13,95	1,03	12,92
Loir-et-Cher	1840	83	58	7,66	0,63	7,03
Loire	3422	172	146	9,29	0,85	8,44
Loire (Haute)	1684	97	73	10,10	0,87	9,23
Loire-Inférieure	3086	94	50	4,67	0,32	4,35
Loiret	1895	76	77	8,07	0,81	7,26
Lot	1413	88	79	11,82	1,12	10,70
Lot-et-Garonne	1212	70	49	9,82	0,81	9,01
Lozère	838	46	34	9,55	0,81	8,74
Maine-et-Loire	2389	80	77	6,57	0,64	5,93
Manche	2816	165	120	10,12	0,85	9,27
Marne	1721	46	51	5,64	0,59	5,05
Marne (Haute)	1113	15	36	4,58	0,65	3,93
Mayenne	1883	84	337	22,36	3,58	18,78
Meurthe	2273	75	52	5,59	0,46	5,13
Meuse	1476	47	44	6,17	0,60	5,57
Morbihan	2666	138	135	10,24	1,01	9,23
Moselle	3157	39	55	2,98	0,35	2,63
Nièvre	1820	58	95	8,41	1,04	7,37
Nord	5454	134	113	4,53	0,41	4,12
Oise	2310	49	54	4,46	0,47	3,99
Orne	2045	72	59	6,41	0,58	5,83
Pas-de-Calais	3347	99	130	6,84	0,78	6,06
Puy-de-Dôme	2929	241	154	13,49	1,05	12,44
Pyrénées (Basses)	2078	74	84	7,60	0,81	6,79
Pyrénées (Hautes)	1115	34	38	6,46	0,68	5,78
Pyrénées-Orientales	915	41	57	10,71	1,25	9,46
Rhin (Bas)	3002	40	156	6,53	1,04	5,49
Rhin (Haut)	2826	83	62	5,13	0,44	4,69
Rhône	2562	87	105	7,49	0,82	6,67
Saône (Haute)	1441	39	45	5,83	0,62	5,21
Saône-et-Loire	2952	72	963	35,06	6,52	28,54
Sarthe	2390	61	179	10,04	1,50	8,54
Savoie	1730	94	46	8,09	0,53	7,56
Savoie (Haute-)	1890	33	33	3,49	0,35	3,14
Seine	7160	320	269	8,23	0,75	7,48
Seine-Inférieure	4867	168	112	5,75	0,46	5,29
Seine-et-Marne	1592	42	49	5,72	0,62	5,10
Seine-et-Oise	1779	43	50	5,23	0,56	4,67
Sèvres (Deux)	1622	63	93	9,62	1,15	8,47
Somme	2819	119	87	7,31	0,62	6,69
Tarn	1791	109	100	11,67	1,12	10,55
Tarn-et-Garonne	799	36	53	11,14	1,33	9,81

Départements	(1)	(2)	(3)	(4)	(5)	(6)
Var	1239	33	24	4,60	0,39	4,21
Vaucluse	1312	35	44	6,02	0,67	5,35
Vendée	2129	95	145	11,27	1,36	9,91
Vienne	1877	50	59	5,81	0,63	5,18
Vienne (Haute)	2099	167	117	13,53	1,11	12,42
Vosges	2257	79	41	5,32	0,36	4,96
Yonne	2096	54	33	4,15	0,31	3,84
Total national	**188 959**	**7 655**	**8 046**	**8,31**	**0,85**	**7,46**

(1) Jeunes gens sur lesquels le conseil de révision a statué pour former le contingent.
(2) Réformés pour défaut de taille (moins de 155 cm).
(3) Individus mesurant de 155 à 157 cm.
(4) Proportion de jeunes gens de la classe née en 1848 mesurant moins de 157 cm selon le tableau du compte rendu, donc mesurant moins de 157,5 cm.
(5) Proportion supposée d'individus mesurant entre 157 et 157,5 cm.
(6) Proportion supposée d'individus mesurant moins de 157 cm.

Tableau K : Écart entre la proportion des petits (moins de 157 cm) de la classe née en 1848 et celle des classes nées en 1799-1806 et 1829.

Départements	(1)	(2)	(3)
Ain	0,03	0,53	9,60
Aisne	-1,81	-1,15	3,71
Allier	-2,59	-1,55	16,76
Alpes (Basses)	4,36	4,90	9,13
Alpes (Hautes)	5,41	6,43	9,09
Ardèche	-0,63	0,22	13,20
Ardennes	0,77	1,08	6,33
Ariège	1,07	1,90	9,75
Aube	0,15	0,63	10,46
Aude	-1,85	-0,74	8,33
Aveyron	6,47	6,99	12
Bouches-du-Rhône	2,37	2,82	3,60
Calvados	1,94	2,48	5,35
Cantal	0,01	0,97	7,47
Charente	2,54	3,34	7,51
Charente-Inférieure	-3,78	-2,63	5,39
Cher	5,47	6,23	13,36
Corrèze	2,17	3,40	11,06
Corse	1,69	2,29	10,43
Côte-d'Or	-1,04	-0,39	7,93
Côtes-du-Nord	2,40	3,24	14,43
Creuse	3,64	4,33	14,33
Dordogne	-4,53	-3,42	7,04
Doubs	-1,42	-1,08	3,41
Drôme	0,41	0,95	9,58
Eure	1,24	1,72	7,64
Eure-et-Loir	-0,94	-0,12	4,79
Finistère	3,36	3,97	17,28
Gard	-0,08	0,67	4,20
Garonne (Haute)	0,83	1,72	8,94
Gers	-2,04	-1,07	2,12
Gironde	0,08	0,87	5,92
Hérault	0,23	0,81	8,27
Ille-et-Vilaine	-2,17	-1,01	6,61
Indre	4,45	5,15	14,28
Indre-et-Loire	1,11	1,99	13,61
Isère	0,72	1,45	7,73
Jura	0,46	0,72	7,34
Landes	0,33	1,36	6,10
Loir-et-Cher	-0,42	0,21	10,21
Loire	-0,28	0,57	8,78
Loire (Haute)	-1,85	-0,98	10,99
Loire-Inférieure	2,47	2,79	8,95
Loiret	-0,86	-0,05	9,88
Lot	2,78	3,90	8,35

Départements	(1)	(2)	(3)
Lot-et-Garonne	1,18	1,99	4,46
Lozère	7	7,81	11,56
Maine-et-Loire	1,11	1,75	6,10
Manche	-3,76	-2,91	3,25
Marne	0,43	1,02	5,39
Marne (Haute)	-2,34	-1,69	5,90
Mayenne	-9,64	-6,06	1,91
Meurthe	0,13	0,59	6,30
Meuse	-0,53	0,07	3,83
Morbihan	0,88	1,89	11,44
Moselle	1,72	2,07	6,42
Nièvre	1,86	2,90	8,28
Nord	-0,91	-0,50	4,49
Oise	-0,60	-0,13	3,23
Orne	-1,39	-0,81	8,55
Pas-de-Calais	-2,78	-2	2,84
Puy-de-Dôme	0,91	1,96	11,10
Pyrénées (Basses)	1,52	2,33	5,82
Pyrénées (Hautes)	-1,09	-0,41	8,14
Pyrénées-Orientales	-0,19	1,06	5,02
Rhin (Bas)	-2,67	-1,63	2,98
Rhin (Haut)	1,89	2,33	8,14
Rhône	-0,26	0,56	4,43
Saône (Haute)	-1,53	-0,91	5,32
Saône-et-Loire	-29,92	-23,40	-14,08
Sarthe	-3,36	-1,86	12,93
Seine	0,21	0,96	1,13
Seine-Inférieure	-0,55	-0,09	4,46
Seine-et-Marne	-0,74	-0,12	6,32
Seine-et-Oise	-0,61	-0,05	3,89
Sèvres (Deux)	-3,19	-2,04	5,29
Somme	-1,71	-1,09	2,61
Tarn	-1,11	0,01	11,28
Tarn-et-Garonne	-4,16	-2,83	4,30
Var	12,88	13,27	7,64
Vaucluse	-1,10	-0,43	3,90
Vendée	-5,68	-4,32	6,64
Vienne	1,79	2,42	9,44
Vienne (Haute)	3,96	5,07	16,71
Vosges	1,43	1,79	8,65
Yonne	2,15	2,46	11,81
Total national	**-0,25**	**0,60**	**6,99**

(1) Écart entre la proportion de petits de la classe née en 1848 et celle de la classe née en 1829, calculé avec la colonne (4) du tableau J et la colonne (4) du tableau I.
(2) *Idem* avec la colonne (6) du tableau J.
(3) Écart entre la proportion de petits de la classe née en 1848 et celle des classes nées en 1799-1806, calculé avec la colonne (6) du tableau J.

Sources

Livret général de recrutement. Exercice 1820, ouvrage manuscrit relié et paginé, s.l., 1821. SHAT, cote 1 M 2036.

Compte rendu sur le recrutement de l'armée pendant l'année 1850, Paris, 1852. SHAT, cote 1 M 1960 (fond Mémoires et Reconnaissances).

Compte rendu sur le recrutement de l'armée pendant l'année 1869, Paris, 1871. SHAT, cote 1 M 2036. (même fond, supplément Préval).

État indiquant la proportion de cent des jeunes gens exemptés pour défaut de taille comparativement au nombre de jeunes gens examinés par les conseils de révision pour former le contingent (classes 1834 à 1867), SHAT, même fond, cote 1 M 2031.

Annuaire Statistique de la France, années 1878, 1879 et 1899.

HUSSON (A.), *Les Consommations de Paris,* Paris, 1856.

HUSSON (A.), *Les Consommations de Paris,* Paris, 1875[2].

BIBLIOGRAPHIE

I – Nouvelle histoire anthropométrique, études sur d'autres pays que la France

BATEN (J.), HEINTEL (M.), «Zum Problem der Verteilungen mit shortfall bei der Nutzung des Indikators "Durchschnittliche Körpergrösse"», dans *Historical Social Research*, 20, 1995, p. 135-154.

BATEN (J.), MURRAY (J.E.), «Bastardy in South Germany Revisited: an Anthropometric Synthesis», dans *Journal of Interdisciplinary History*, 28, 1997, p. 47-56.

BATEN (J.), HEINTEL (M.), «Smallpox and Nutritional Status in England, 1770-1873: on the Difficulties of Estimating Historicals Heights», dans *The Economic History Review*, 51, 1998, p. 360-371.

BATEN (J.), MURRAY (J.E.), «Women's Stature and Marriage Markets in Preindustrial Bavaria», dans *Journal of Family History*, 23, 1998, p. 124-135.

BATEN (J.), *Ernährung und wirtschaftliche Entwicklung in Bayern (1730-1880)*, Stuttgart, 1999.

BRENNAN (L.), Mc DONALD (J.), SCHLOMOWITZ (R.), «The Heights and Economic Well-being of North Indians under British Rule», dans *Social Science History*, 18, 1994, p. 271-307.

BRENNAN (L.), Mc DONALD (J.), SCHLOMOWITZ (R.), «Trends in the Economic Well-being of South Indians under British Rule: the Anthropometric Evidence», dans *Explorations in Economic History*, 31, 1994, p. 225-260.

BRENNAN (L.), Mc DONALD (J.), SCHLOMOWITZ (R.), «Long-term Change and Sex Differences in the Heights of Afro-caribbeans and Indo-caribbeans», dans *Social and Economic Studies*, 44, 1995, p. 73-93.

BRENNAN (L.), Mc DONALD (J.), SCHLOMOWITZ (R.), «Toward an Anthropometric History of Indians under British Rule», dans *Research in Economic History*, 17, 1997, p. 185-246.

COSTA (D.L.), «Height, Weight, Wartime Stress, and Older Age Mortality: Evidence from the Union Army Records» dans *Explorations in Economic History*, 25, 1993, p. 424-449.

ELTES (D.), «Welfare Trends among the Yoruba in the Early Ninetheenth Century: the Anthropometric Evidence», dans *JEH*, 50, 1990, p. 521-540.

FLOUD (R.), WACHTER (K.W.), «Poverty and Physical Stature: Evidence on the Standard of Living of London Boys 1770-1870», dans *Social Science History*, 6, 1982, p. 422-452.

FLOUD (R.), «The Heights of Europeans since 1750: A New Source for European Economic History», dans *Stature, Living Standards, and Economic Development Essays in Anthropometric History*, dir. KOMLOS (J.), Chicago, 1994, p. 9-24.

FOGEL (R.), «New Sources and New Techniques for the Study of Secular Trends in Nutritional Status, Health, Mortality, and the Process of Aging» dans *Historicals Methods*, 26, 1993, p. 5-43.

FRIEDMAN (G.), «The heights of Slaves in Trinidad», dans *Social Science History*, 6, 1982, p. 482-515.

HAN KIM (J.), KOMLOS (J.), «Estimating Trends in Historical Heights», dans *Historical Methods*, 23, 1990, p. 116-120.

HARRIS (B.), «Health, Height, and History: an Overview of Recent Developments in Anthropometric History», dans *Social History of Medicine*, 7, 1994, p. 297-320.

HEINTEL (M.), «Historical Height Samples with Shortfall: a Computational Approach», dans *History and Computing*, 8, 1996, p. 24-37.

HORREL (S.), HUMPHRIES (J.), VOTH (H.J.), «Stature and Relative Deprivation: Fatherless Children in Early Industrial Britain», dans *Continuity and Change*, 13, 1998, p. 73-115.

HUMPHRIES (J.), «Short Stature among Coalmining Children: a Comment», dans *The Economic History Review*, 50, 1997, p. 531-537.

JACKSON (R.V.), THOMAS (M.), «Height, Weight, and Well-being: Sydney Schoolchildren in the Early Twentieenth Century», dans *Australian Economic History Review*, 35, 1995, p. 39-65.

JOHNSON (P.), NICHOLAS (S.), «Male and Female Living Standards in England and Wales, 1812-1857: Evidence from Criminal Height Records», dans *The Economic History Review*, 48, 1995, p. 470-481.

KIRBY (P.), «Causes of Short Stature among Coalmining Children, 1823-1850», dans *The Economic History Review*, 48, 1995, p. 687-699.

KIRBY (P.), « Short Stature among Coalmining Children : a Rejoinder », dans *The Economic History Review*, 50, 1997, p. 538-541.

KOMLOS (J.), *Nutrition and Economic Development in the Eighteenth-Century Habsburg Monarchy : An Anthropometric History*, Princeton, 1989.

KOMLOS (J.), *The Biological Standard of Living in Europe and America, 1700-1900*, 1995.

KOMLOS (J.), « De l'importance de l'histoire anthropométrique », dans *ADH*, 1995, p. 211-223.

KOMLOS (J.), « Warum wurden die Leute kleiner in einer wachsenden Volkswirtschaft ? », dans *Historical Social Research*, 22, 1997, p. 150-161.

KOMLOS (J.), « Shrinking in a Growing Economy ? The Mystery of Physical Stature during the Industrial Revolution », dans *JEH*, 58, 1998, p. 779-802.

KUNITZ (S.L.), « Making a Long Story Short : a Note on Men's Height and Mortality in England from the first through the Ninetheenth Centuries », dans *Medical History*, 31, 1987, p. 269-280.

LEUNIG (T.), VOTH (H.J.), « Did Smallpox Reduce Height ? Stature and the Standard of Living in London, 1770-1873 », dans *The Economic History Review*, 49, 1996, p. 541-560.

LEUNIG (T.), VOTH (H.J.), « Smallpox did Reduce Height : a Reply to our Critics », dans *The Economic History Review*, 51, 1998, p. 372-381.

MANDEMAKERS (C.A.), ZANDEN (J. L. van), « The Height of Conscripts and National Income : Apparent Relations and Misconceptions », dans *Explorations in Economic History*, 30, 1993, p. 81-97.

MARTINEZ CARRION (J.M.), PEREZ CASTEJON (J.J.), « Height and Standards of Living during the Early Industrialization of Spain : the Case of Elche », dans *European Review of Economic History*, 2, 1998, p. 201-230.

MOKYR (J.), O'GRADA (C.), « The Heights of the British and the Irish c. 1800-1815 : Evidence from Recruits to the East India Company's Army », dans *Stature, Living Standards, and Economic Development Essays in Anthropometric History*, dir. KOMLOS (J.), Chicago, 1994, p. 39-59.

MOKYR (J.), O'GRADA (C.), « Height and Health in the United Kingdom 1815-1860 : Evidence from the East India Company army », dans *Explorations in Economic History*, 33, 1996, p. 141-168.

NICHOLAS (S.), STECKEL (R.H.), « Heights and Living Standards of English Workers during the Early Years of Industrialization, 1770-1815 », dans *JEH*, 51, 1991, p. 937-957.

NICHOLAS (S.), STECKEL (R.H.), « Tall but Poor : Living Standards of Men and Women in Pre-famine Ireland », dans *Journal of European Economic History*, 26, 1997, p. 105-134.

O'GRADA (C.), « Anthropometric History: What's in it for Ireland? », dans *Histoire et mesure*, 11, 1996, p. 139-166.

RAZZELL (P.), « Did Smallpox reduce Height? », dans *The Economic History Review*, 51, 1998, p. 351-359.

RIGGS (P.), « The Standard of Living in Scotland, 1800-1850 », dans *Stature, Living Standards, and Economic Development Essays in Anthropometric History*, dir. KOMLOS (J.), Chicago, 1994, p. 60-75.

RILEY (J.C.), « Height, Nutrition, and Mortality Risk Reconsidered », dans *Journal of Interdisciplinary History*, 24, 1994, p. 465-492.

SHAY (T.), « The Level of Living in Japan, 1885-1938: New Evidence », dans *Stature, Living Standards, and Economic Development Essays in Anthropometric History*, dir. KOMLOS (J.), Chicago, 1994, p. 173-201.

STECKEL (R.H.), « Slave Heights Profiles from Coastwise Manifests », dans *Explorations in Economic History*, 16, 1979, p. 363-380.

STECKEL (R.H.), « Stature and the Standard of Living », dans *Journal of Economic Literature*, 33, 1995, p. 1903-1940.

STECKEL (R.H.), « Percentiles of Modern Height Standards for Use in Historical Research », dans *Historicals Methods*, 29, 1996, p. 157-166.

STECKEL (R.H.), « Strategic Ideas in the Rise of the New Anthropometric History and their Implications for Interdisciplinary Research », dans *JEH*, 58, 1998, p. 804-821.

STRAUSS (J.), « Does Better Nutrition Raise Labor Productivity? », dans *Journal of Political Economy*, 94, mars 1986, p. 297-320.

TANNER (J.M.), « Introduction: Growth in Heights as a Mirror of the Standard of Living », dans *Stature, Living Standards and Economic Development Essays in Anthropometric History*, dir. KOMLOS (J.), Chicago, 1994, p. 1-6.

VOTH (H.J.), « Height, Nutrition, and Labor: recasting the "Australian model" », dans *Journal of Interdisciplinary History*, 25, 1995, p. 627-636.

WOITEK (U.), « Heights Cycles in the XVIIIth and XIXth Centuries », *Discussion paper in Economics N°. 9811*, Université de Glasgow, 1998.

II – Études médicales

BILLEWICZ (W.Z.), MAC GREGOR (I.A.), « A Birth-to-maturity Longitudinal Study of Heights and Weights in two West African (Gambian) Villages, 1951-1975 », dans *Annals of Human Biology*, 9, 1982, p. 309-320.

CAMERON (N.), HAYASHI (T.), PREECE (M.A.), TANNER (J.M.), « Increase in Length of Leg Relative to Trunk in Japanese Children and Adults from 1957 to 1977: Comparisons with British and with Japanese Americans », dans *Annals of Human Biology*, 9, 1982, p. 411-423.

ELEVETH (P. B.), TANNER (J.M.), *Worldwide Variation in Human Growth,* Cambridge, 1990[2].

HADJ-LAKEHAL (B.), *Les Carences protidiques du jeune enfant en Algérie,* Alger, 1969.

JAMES (W.P.T), «Research Relating to Energy Adaptation in Man», dans *Chronic Energy Deficiency: Consequences and Related Issues,* dir. SCHÜRCH (B.), SCRIMSHAW (N.S.), Lausanne, 1987, p. 7-36.

MALCOM (L.A.), «Ecological Factors Relating to Child Growth and Nutritional Status», dans *Nutrition and Malnutrition: Identification and Measurement,* dir. ROCHE (A.F.), FALKNER (F.), New York, 1974, p. 329-352.

MANS (A.), RICHET (C.), *La Famine,* Paris, 1965.

MARTORELL (R.), «Child Growth Retardation: A Discussion of its Causes and its Relationship to Health», dans *Nutritional Adaptation in Man,* dir. BLAXTER (K.), WATERLOW (J.C.), Londres, 1985, p. 13-29.

MARTORELL (R.), HABICHT (J.P.), «Growth in Early Childwood in Developing Countries», dans *Human Growth: A Comprehensive Treatise,* vol. 3, dir. FALKNER (F.), TANNER (J.M.), New York, 1986, p. 241-262.

SCHÜRCH (B.), WATERLOW (J.C.), «Causes and Mechanisms of Linear Growth Retardation», dans *European Journal of Clinical Nutrition,* 48 (suppl. 1), 1994, p. 1-216.

TANNER (J.M.), *Fetus into Man: Physical Growth from Conception to Maturity,* Cambridge, 1978. (ouvrage de référence pour l'étude biologique).

TANNER (J.M.), *A History of the Study of Human Growth,* Cambridge, 1981.

TRÉMOLIÈRES (J.), *Manuel élémentaire d'alimentation humaine,* Paris, 1968.

WAALER (H.T.), «Height, Weight, and Mortality: The Norwegian Experience», dans *Acta Medica Scandinavica,* suppl. 679, 1984.

III – Études anthropométriques
sur la France des XVIIe-XXe siècles

a. Approche classique

ANGEVILLE (A. d'), *Essai statistique sur la population française,* Bourg-en-Bresse, 1837, La Haye, 1969.

ARON (J.-P.), DUMONT (P.), LE ROY LADURIE (E.), *Anthropologie du conscrit français d'après les comptes numériques et sommaires du recrutement de l'armée (1819-1826). Présentation cartographique,* Paris, 1972.

BERTILLON (J.), «Anthropologie. La taille en France», dans *Revue scientifique,* 10, 16, 1885.

BILLY (G.), «La Savoie, anthropologie physique et raciale», dans *Bulletins et Mémoires de la Société d'anthropologie de Paris*, 11ᵉ série, 3, 1962, p. 1-218.

BOUDIN (J.), «De l'accroissement de la taille et de l'aptitude militaire en France», dans *Journal de la Société de statistique de Paris*, 4, 1863, p. 177-201.

BOUDIN (J.), «L'accroissement de la taille», dans *Mémoires de la Société d'anthropologie de Paris*, 2, 1865, p. 221-259.

BOULANGER (J.) et *alii*, «Contribution à l'étude du phénomène de stature et de croissance en France de 1940 à 1948», dans *Recueil des Travaux de l'Institut national d'Hygiène*, t. IV, 1, Paris, 1950, p. 117-212.

BOULANGER (J.), PÉQUINOT (G.), TREMOLIERES (J.), «Données concernant la croissance et la stature moyenne des Français», dans *Bulletin de l'Institut national d'Hygiène*, t. V, 2, Paris, 1950, p. 273-294.

BOULANGER (P.), *Géographie historique de la conscription et des conscrits en France de 1914 à 1922, d'après les comptes rendus sur le recrutement de l'armée*, Lille, 1998; thèse publiée sous le titre *La France devant la conscription, géographie historique d'une institution républicaine de 1914 à 1922*, Paris, 2001.

BRIARD (J.), GIOT (P.-R.), L'HELGOUACH (J.), «Données anthropologiques sur les populations du nord-ouest de la France», dans *Bulletins et Mémoires de la Société d'anthropologie de Paris*, 10ᵉ série, 7, 1956, p 309-315.

BROCA (P.), «Sur la prétendue dégénérescence de la population française», dans *Mémoires d'anthropologie*, t. I, Paris, 1871, p. 449-497.

CHAMLA (M.-C.), MARQUER (P.), VACHER (J.), «Les variations de la stature en fonction des milieux socio-professionnels», dans *L'Anthropologie*, 63, 1959, p. 37-61 et 269-294.

CHAMLA (M.-C.), MARQUER (P.), «Stature et niveau économique en France», dans *L'Anthropologie*, 65, 1961, p. 277-280.

CHAMLA (M.-C.), «L'accroissement de la stature en France de 1880 à 1970 comparaison avec les pays d'Europe occidentale», dans *Bulletins et Mémoires de la Société d'anthropologie de Paris*, 11ᵉ série, 6, 1964, p. 201-278.

CHAMLA (M.-C.), «L'évolution récente de la stature en Europe occidentale (période 1960-1980)», dans *Bulletins et Mémoires de la Société d'anthropologie de Paris*, 13ᵉ série, 10, 1983, p. 195-224.

CHAMPOUILLON (J.), «Étude sur le développement de la taille et de la constitution physique dans la population civile et dans l'armée en France», dans *Recueil de mémoire de médecine, de chirurgie et de pharmacie militaire*, 22, 1869, p. 239-263.

CORVISIER (A.), *L'Armée française de la fin du xviiᵉ siècle au ministère de Choiseul*, Paris, 1964.

DE FELICE (S.), *Recherches sur l'anthropologie des Françaises*, Paris, 1958.

DEMONET (M.), DUMONT (P.), LE ROY LADURIE (E.), « Anthropologie de la jeunesse masculine en France au niveau d'une cartographie cantonale (1819-1830) », dans *AESC*, 31, 1976, p. 700-760.

DEVIGNE (G.), OLIVIER (G.), « Données nouvelles sur la stature et la corpulence en France », dans *Cahiers d'anthropologie et de biométrie humaine*, vol. III, Paris, 1985, p. 111-123.

GIOT (P.R.), *Armoricains et Bretons, étude anthropologique*, Rennes, 1951.

HARGENVILLIERS (A.-A.), *Recherches et considérations sur la formation et le recrutement de l'armée en France*, Paris, 1817.

HOUDAILLE (J.), « La taille des Français au début du XIXe siècle », dans *Population*, 25, 1970, p. 1297-1298.

HOUDAILLE (J.), « La croissance des enfants au début du XIXe siècle », dans *Population*, 33, 1978, p. 185-187.

HOÛDAILLE (J.), « Stature et promotion sociale au début du XIXe siècle », dans *Population*, 34, 1979, p. 1145-1147.

HOUDAILLE (J.), « La taille des Parisiens en 1793 », dans *Population*, 38, 1983, p. 173-177.

ICHOK (G.), « La taille des conscrits dans les régions urbaines et rurales », dans *Bulletin de la Société de Biotypologie*, t. VII, 4, Paris, 1939, p. 233-244.

KHERUMIAN (R.), SCHREIDER (E.), « Répartition départementale de la stature, du poids et de la circonférence thoracique en France métropolitaine », dans *Biotypologie*, 50, 1963, p. 1-27.

LEBON (G.), OLIVIER (G.), *La Stature des jeunes recrues du nord de la France*, communication à la Société anatomique de Paris, 10 mars 1955.

LE ROY LADURIE (E.), *Le Territoire de l'historien*, Paris, 1973.

MARQUER (P.), « L'évolution de la stature et de deux caractères de la pigmentation chez les conscrits basques des Basses-Pyrénées de 1870 à 1960 », dans *Bulletins et Mémoires de la Société d'anthropologie de Paris*, 3, 1962, p. 337-353.

OLIVIER (G.), « Documents anthropométriques sur les conscrits du nord de la France », dans *Bulletins et Mémoires de la Société d'anthropologie de Paris*, 10e série, 8, 1957, p. 47-60.

QUÉTELET (A.), « Sur la taille de l'homme dans les villes et dans les campagnes », dans *Annales d'hygiène publique et de médecine légale*, 3, 1830, p. 24-26.

SCHNAPPER (B.), *Le Remplacement militaire en France quelques aspects politiques, économiques et sociaux du recrutement au XIXe siècle*, Paris, 1968.

SOUDJIAN (G.), « Quelques réflexions sur les statures des jeunes Parisiens sous le second Empire », dans *Ethnologie française,* 9, 1979, p. 69-84.

SUTTER (J.), « L'accroissement de la taille moyenne et ses causes », dans *Informations sociales,* 9, 1955, p. 849-855.

TSCHOURILOFF (M.), « De l'accroissement de la taille en France », dans *Journal de la Société de statistique de Paris,* 16, 1875, p. 5-8.

TSCHOURILOFF (M.), « Étude sur la dégénérescence physiologique des peuples civilisés », dans *Revue d'anthropologie,* 5, 1876, p. 605-664.

VILLERMÉ (L.), « Mémoire sur la taille de l'homme en France », dans *Annales d'hygiène publique et de Médecine légale,* 1, 1829, p. 351-399.

b. Nouvelle histoire anthropométrique de la France

BATEN (J.), « Kartographische Residuenanalyse am Beispiel der regionalökonomischen Lebensstandardforschung über Baden, Württemberg und Frankreich », dans *Historisch-thematische Kartographie. Konzepte-Methoden-Anwendung,* dir. EBELING E., Bielefeld, 1999, p. 98-109.

BERNAGEAU (N.), LE ROY LADURIE (E.), PASQUET (Y.), « Le conscrit et l'ordinateur. Perspectives de recherche sur les archives militaires du xixe siècle français », dans *Studi Storici,* 10, 1969, p. 260-308.

CHAMLA (M.-C.), DEVIGNE (G.), JACQUARD (A.), IAGOLNITZER (E.-R.), OLIVIER (G.), « L'accroissement de la stature en France 1. l'accélération du phénomène 2. les causes du phénomène : analyse uni variée », dans *Bulletins et Mémoires de la Société d'anthropologie de Paris,* 13e série, 4, 1977, p. 197-214.

DEMONET (M.), LE ROY LADURIE (E.), « Alphabétisation et stature : un tableau comparé », dans *AESC,* 35, 1980, p. 1329-1332.

KOMLOS (J.), « The Nutritional Status of French Students », dans *Journal of Interdisciplinary History,* 24, 1993, p. 493-508.

KOMLOS (J.), en collaboration avec M. HAU et N. BOURGUINAT, « The Anthropometric History of Early-Modern France », communication à la Fourth European Historical Economics Society Conference, Oxford, 22 septembre 2001.

LE ROY LADURIE (E.), ZYSBERG (A.), « Anthropologie des conscrits français (1868-1887) », dans *Ethnologie française,* 9, 1979, p. 47-68.

SELIG (J.-M.), *Malnutrition et développement économique dans l'Alsace du xixe siècle,* Strasbourg, 1996.

VAN MEERTEN (M.A.), « Développement économique et stature en France, xix-xxe siècles », dans *AESC,* 45, 1990, p. 755-778.

WEIR (D.R.), « Parental Consumption Decisions and Child Health During the Early French Fertility Decline, 1790-1914 », dans *JEH,* 53, 1993, p. 259-274.

WEIR (D.R.), «Economic Welfare and Physical Well-being in France, 1750-1990», dans *Health and Welfare during Industrialization,* dir. FLOUD (R.), STECKEL (R.H.), Chicago, 1997, p. 161-200.

IV – Contexte économique et social de la France
au XIXᵉ siècle

a. Ouvrages généraux

AGULHON (M.), DÉSERT (G.), SPECKLIN (R.), *Histoire de la France rurale. T. 3 Apogée et crise de la civilisation paysanne de 1789 à 1914,* Paris, 1976.

AGULHON (M.), CHOAY (F.), CRUBELLIER (M.), *La Ville de l'âge industriel. Le cycle hausmannien,* Paris, 1983 (*Histoire de la France urbaine,* T. 4).

ARMENGAUD (A.), *La Population française au XIXᵉ siècle,* Paris, 1971.

BLAYOT (Y.), HENRY (L.), «La population de la France de 1740 à 1829», dans *Population,* 30, 1975, p. 71-122.

BOURGEOIS-PICHAT (J.), «Note sur l'évolution générale de la population française depuis le XVIIIᵉ siècle», dans *Population,* 6, 1951, p. 319-329.

BOURGUIGNON (F.), LEVY-LEBOYER (M.), *L'Économie française au XIXᵉ siècle : analyse macro-économique,* Paris, 1985.

BROCHIER (T.-E.), «Deux mille ans d'histoire du climat», dans *AESC,* 38, 1983, p. 425-438.

CARON (F.), *Histoire économique de la France XIX -XXᵉ siècle,* Paris, 1995.

CHARLE (C.), *Histoire sociale de la France au XIXᵉ siècle,* Paris, 1991.

CHAUNU (P.), *Histoire science sociale,* Paris, 1974.

DUPÂQUIER (J.) (dir.), *Histoire de la population française. T. 3 de 1789 à 1914,* Paris, 1995.

GRANTHAM (G.W.), «Agricultural Supply during the Industrialization : French Evidence and European Implications», dans *JEH,* 49, 1989, p. 43-71.

LE BRAS (H.), TODD (E.), *L'Invention de la France. Atlas anthropologique et politique,* Paris, 1981 (Pluriel).

LE ROY LADURIE (E.), *Histoire du climat depuis l'an mil,* 2ᵉ vol., Paris, 1983.

MARCHAND (O.), THÉLOT (C.), *Deux siècles de travail en France,* Paris, 1991.

MAYAUD (J.-L.), *La Petite Exploitation rurale triomphante, France XIXᵉ siècle,* Paris, 1999.

MORINEAU (M.), «Révolution agricole, révolution alimentaire, révolution démographique», dans *ADH*, 1974, p. 335-371.

MULLIEZ (J.), «Du blé, mal nécessaire. Réflexion sur le progrès de l'agriculture (1750-1850)», dans *Revue d'histoire moderne et contemporaine*, 26, 1979, p. 3-47.

NESME-RIBE (E.), PECKER (J.-C.), THUILLIER (G.), *Histoire solaire et climatique*, Paris, 2000.

POUTHAS (C.), *La Population française pendant la première moitié du XIXe siècle*, Paris, 1956.

PRICE (R.), *A Social History of XIXth Century France*, New York, 1988.

TOUTAIN (J.-C.), «Le produit intérieur brut de la France de 1789 à 1982», dans *Économies et Sociétés, Série AF : Histoire quantitative de l'économie française*, 21, 1987, p. 49-237.

b. Études portant sur un aspect de la société française

BOURGUINAT (N.), «Libre-commerce du blé et représentations de l'espace français. Les crises frumentaires au début du XIXe siècle», dans *AESC*, 56, 2001, p. 125-152.

BOMPART (J.-P.), MAGNAC (T.), POSTEL-VINAY (G.), «Emploi, mobilité et chômage en France au XIXe siècle: migrations saisonnières entre industrie et agriculture», dans *AESC*, 45, 1990, p. 55-76.

BONNAIN-MOERDJIK (R.), «L'alimentation paysanne en France entre 1850 et 1936», dans *Études rurales*, 58, 1975, p. 29-49.

CATY (R.), *La Commission des subsistances. Politique et action du gouvernement de Louis XVIII devant la disette de 1816-1817*, Université de Provence, 1977.

CHEVET (M.), SAINT-AMOUR (P.), «L'intégration des marchés du blé en France aux XVIIIe et XIXe siècles», dans *Cahiers d'économie et de sociologie rurale*, 1992, p. 152-1775.

CRÉPIN (A.), *La Conscription en débat ou le triple apprentissage de la nation, de la citoyenneté, de la République (1798-1889)*, Arras, 1998.

DEMIER (F.), *Nation, marché et développement de la France sous la Restauration*, Paris, 1991.

DEMONET (M.), *Tableau de l'agriculture française au milieu du 19e siècle : l'enquête agricole de 1852*, Paris, 1990.

DÉSERT (G.), «Viande et poisson dans l'alimentation des Français au milieu du XIXe siècle», dans *AESC*, 30, 1975, p. 519-536.

DREYFUS (F.-G.), LABROUSSE (E.), ROMANO (R.), *Le Prix du froment en France au temps de la monnaie stable (1726-1913)*, Paris, 1970.

FOURASTIÉ (J.), *L'Évolution des prix à long terme*, Paris, 1969.

GOREUX (L.), «Les migrations agricoles en France depuis un siècle et leur relation avec certains facteurs économiques», dans *Études et Conjoncture,* 4, 1956, p. 327-376.

GRANTHAM (G.W.), «Espaces privilégiés: productivité agraire et zone d'approvisionnement des villes dans l'Europe préindustrielle», dans *AESC,* 52, 1997, p. 695-725.

HAU (M.), «Pauvreté rurale et dynamisme économique: le cas de l'Alsace au xixᵉ siècle», dans *Histoire, Économie et Société,* 6, 1987, p. 113-138.

KAPLAN (S.L.), *Les Ventres de Paris. Pouvoir et approvisionnement dans la France d'Ancien Régime,* Paris, 1988 (éd. orig. *Provisioning Paris. Merchants and Millers in the grain and flour trade during the eighteenth century,* Londres, 1984.)

LAURENT (R.), «Les variations départementales du prix du froment en France (1801-1870)», dans *Histoire, économies, sociétés Journées d'étude en l'honneur de Pierre Léon (6-7 mai 1977),* Lyon, 1977.

LE MÉE (R.), «Les villes en France et leur population de 1806 à 1851», dans *ADH,* 1989, p. 321-394.

LEPETIT (B.), «Sur les dénivellations de l'espace économique en France, dans les années 1830», dans *AESC,* 41, 1986, p. 1243-1272.

LEPETIT (B.), *Armature urbaine et organisation de l'espace dans la France préindustrielle (1740-1840),* Paris, 1987.

MARGAIRAZ (D.), *Les Dénivellations interrégionales des prix du froment en France 1756-1870,* Paris, 1982.

MATYJA-OCHS (C.), *Aspects de la croissance de l'agriculture française: Étude départementale 1852-1882,* Montpellier, 1974.

MEUVRET (J.), «Les crises de subsistance et la démographie de la France d'Ancien Régime», dans Population, 1946, p. 643-650, repris dans *Études d'histoire économique,* Paris, 1971, p. 271-278. (Cahiers des Annales, 32).

MILLER (J.A.), *Mastering the Market. The State and the Grain Trade in Nothern France, 1700-1860,* Cambridge, 1999.

MORINEAU (M.), «Budgets populaires en France au xviiiᵉ siècle», dans *Revue d'Histoire Économique et Sociale,* 1972, p. 203-237 et 449-481.

MUCKENSTURM (S.), «La quantification d'un phénomène social: l'indigence en France dans la première moitié du xixᵉ siècle (1790-1850), dans *Histoire, Économie et Société,* 19, 2000, p. 345-360.

PFISTER (C.), «Fluctuation climatiques et prix céréaliers, xviᵉ-xxᵉ siècles», dans *AESC,* 43, 1988, p. 25-54.

POSTEL-VINAY (G.), ROBIN (J.-M.), «Eating, Working and Saving in an Unstable World: Consumers in Nineteenth-century France», dans *Economic History Review,* 45, 1992, 3, pp. 494-513.

PRESTON (S.), WALLE (E. van den), « Urban French Mortality in the Nineteenth Century », dans *Population Studies*, 32, 1978, p. 275-297.

PRICE (R.), *The Modernization of Rural France. Communications Networks and Agricultural Markets Structures in Nineteenth-century France*, Londres, 1983.

RENAUDO (Y.), « Un travail en plus: les paysans d'un métier à l'autre (vers 1800-vers 1950) », dans *AESC*, 42, 1987, p. 283-302.

RENOUARD (D.), *Les Transports de marchandises par fer, route et eau depuis 1850*, Paris, 1960.

ROLLET (C.), « L'effet des crises économiques du début du XIXe siècle sur la population », dans *Revue d'histoire moderne et contemporaine*, 17, 1970, p. 391-410.

ROLLET (C.), « Allaitement, mise en nourrice et mortalité infantile en France à la fin du XIXe siècle », dans *Population*, 33, 1978, p. 1189-1203.

Service historique de l'armée de terre, *Guide des archives et sources complémentaires*, (réd. par J.-C. DEVOS, M-.A. CORVISIER -DE VILLÈLE), Vincennes, 1996.

TOUTAIN (J.-C.), « La consommation alimentaire en France de 1789 à 1964 », dans *Économies et sociétés cahiers de l'ISEA*, 5, 1971, p. 1909-2049.

TOUTAIN (J.-C.), « Food Rations in France in the Eigtheenth and Early Nineteenth Centuries: a Comment », dans *Economic History Review*, 48, 1995, p. 769-773.

TUETEY (L.), *Catalogue général des manuscrits des bibliothèques publiques de France Archives de la Guerre*, 1, Paris, 1912.

c. Études régionales

AGULHON (M.), *La Vie sociale en Provence intérieure au lendemain de la Révolution française*, Paris, 1971.

ARMENGAUD (A.), *Les Populations de l'Est aquitain au début de l'époque contemporaine (1845-1871)*, Paris, 1961.

CHEVALIER (L.), *La Formation de la population parisienne au XIXe siècle*, Paris, 1950.

CORBIN (A.), *Archaïsme et Modernité en Limousin au XIXe siècle, 1845-1880*, Paris, 1975.

DÉSERT (G.), *Les Paysans du Calvados, 1815-1895*, Paris, 1975.

DUPEUX (L.), *Aspects de l'histoire sociale et politique du Loir-et-Cher*, Paris, 1962.

FARCY (J.-C.), *Les Paysans beaucerons de la fin de l'Ancien régime au lendemain de la Première Guerre mondiale*, Nanterre, 1985.

GAILLARD (J.), *Paris, la Ville (1852-1870)*, Paris, 1976.

GARRIER (G.), *Les Campagnes de l'Ouest lyonnais et du Beaujolais, 1800-1970*, Grenoble, 1973.

HAU (M.), *La Croissance économique de la Champagne de 1810 à 1969*, Paris, 1976.

HAU (M.), *L'Industrialisation de l'Alsace (1803-1939)*, Strasbourg, 1987.

HIGOUNET (C.), *Bordeaux au xixe siècle*, Bordeaux, 1969.

HUBSCHER (R.), *L'Agriculture et la Société rurale dans le Pas-de-Calais du milieu du XIXe siècle à 1914*, Arras, 1980.

LEMÉNOREL (A.), «Pourquoi la Basse-Normandie s'est-elle désindustrialisée au xixe siècle», dans *L'Information géographique*, 47, 1985, p. 183.

LÉVÊQUE (P.), *Une Société provinciale : la Bourgogne sous la monarchie de Juillet*, Paris, 1983.

LEVY-LEBOYER, «Les inégalités interrégionales: évolution au xixe siècle», dans *Économie rurale*, 152, 1982.

MARCONIS (R.), *Midi-Pyrénées xixe-xxe siècles. Transports-espace-société*, Toulouse, 1984.

MAYAUD (J.-L.), *Les Paysans du Doubs au temps de Courbet*, Paris, 1979.

MERLEY (J.), *La Haute-Loire de la fin de l'Ancien Régime aux débuts de la Troisième République, 1776-1886*, Le Puy, 1974.

MESLIAND (C.), *Paysans du Vaucluse*, Aix-en-Provence,1989.

MORICEAU (J.-M.), POSTEL-VINAY (G.), *Ferme, entreprise familiale, grande exploitation et changements agricoles. Les Chartier xviie-xixe siècles*, Paris, 1992.

MUCKENSTURM (S.), *Soulager ou éradiquer la misère? Indigence, assistance et répression dans le Bas-Rhin au xixe siècle*, Strasbourg, 1999.

PAUTARD (J.), *Les Disparités régionales dans la croissance de l'agriculture française*, Paris, 1965.

PINCHEMEL (G.), *Structures sociales et dépopulation rurale dans les campagnes picardes de 1836 à 1936*, Paris, 1957.

POSTEL-VINAY (G.), *Note sur les revenus régionaux dans le Bassin parisien*, Paris, 1978.

QUELENEC (M.), *Analyse structurelle du développement économique des régions françaises, 1864-1970*, Paris, 1972.

SINGER-KÉREL (J.), *Le Coût de la vie à Paris de 1840 à 1954*, Paris, 1961.

THUILLIER (G.), *Aspects de l'économie nivernaise au xixe siècle*, Paris, 1966.

THUILLIER (G.), *La Révolution de l'élevage en Nivernais de 1800 à 1855*, Nevers, 1975.

TOUTAIN (J.-C.), « La croissance inégale des revenus régionaux en France de 1840 à 1970 », 7ᵉ congrès international d'histoire économique, Edimbourg, 1978.

VIDALENC (J.), *Le Département de l'Eure sous la Monarchie constitutionnelle*, Paris, 1952.

VIGREUX (M.), *Paysans et Notables du Morvan*, Château-Chinon, 1987.

V – Études sur l'Europe concernant le marché et la santé au XIXᵉ siècle

BAIROCH (P.), « The Impact of Crop Yields, Agricultural Productivity, and Transport Costs on Urban Growth between 1800 and 1910 », dans *Urbanization in History. A Process of Dynamic Interactions*, dir., J. DE VRIES, A. HAYAMI, A.D. VAN DER WOUDE, New York, 1990.

CASELLI (G.), « Transition sanitaire et structure par cause de mortalité : anciennes et nouvelles causes », dans *ADH*, 1989, p. 55-78.

FLOUD (R.), « La médecine et le déclin de la mortalité : indicateur de l'état nutritionnel », dans *ADH*, 1989, p. 125-138.

HAINES (M. R.), « Déclin de la mortalité et condition de travail », dans *ADH*, 1989, p. 139-156.

LUNN (P.), « Nutrition, immunité et infection », dans *ADH*, 1989, p. 111-124.

MOREL (M.-F.), « Les soins prodigués aux enfants : influence des innovations médicales et des institutions médicalisées (1750-1914). Médecine et déclin de la mortalité », dans *ADH*, 1989, p. 157-183.

MORINEAU (M.), « D'Amsterdam à Séville : de quelle histoire les prix sont-ils le miroir ? », dans *AESC*, 23, 1968, p. 178-205.

MORINEAU (M.), « Histoire sans frontière : Prix et "Révolution agricole" », dans *AESC*, 24, 1969, p. 403-423.

PERRENOUD (A.), « La mortalité des enfants en Europe francophone : état de la question », dans *ADH*, 1994, p. 79-96.

PERRENOUD (A.), « Atténuation des crises et déclin de la mortalité », dans *ADH*, 1989, p. 13-30.

ROLLET (C.), « La mortalité des enfants dans le passé : au-delà des apparences », dans *ADH*, 1994, p. 7-22.

THOMPSON (E.P.), « The Moral Economy of the English Crowd in the Eighteenth Century », dans *Past and Present*, 50, 1971, p. 71-136.

VALLIN (J.), « Mortalité en Europe de 1720 à 1914 : tendances à long terme et changement de structure par âge et par sexe », dans *ADH*, 1989, p. 31-54.

VIAZZO (P.-P.), « Les modèles alpins de mortalité infantile », dans *ADH*, 1994, p. 97-119.

TABLE

Achevé d'imprimer par Corlet Numérique - 14110 Condé-sur-Noireau
N° d'Imprimeur : 11531 - Dépôt légal : février 2003 - Imprimé sur DemandStream
Imprimé en UE